Knaur.

Knaur.

Über den Autor:

Olaf Georg Klein, geboren 1955 in Ostberlin, studierte Evangelische Theologie, Philosophie und Psychologie. Er lebt und arbeitet als Autor und Coach in Berlin. 1994 erschien sein Buch *Plötzlich war alles anders – Deutsche Lebenswege im Umbruch*. 1997 war er Gastprofessor in den USA. Die Verständigungsbarriere zwischen Engländern und Amerikanern inspirierte ihn, auch die deutsch/deutschen Verständigungsprobleme unter einem ganz anderen Blickwinkel zu sehen.

Olaf Georg Klein

Ihr könnt uns einfach nicht verstehen!

Warum Ost- und Westdeutsche aneinander vorbeireden

Knaur Taschenbuch Verlag

Besuchen Sie uns im Internet:
www.knaur.de

Vollständige Taschenbuchausgabe 2004
Knaur Taschenbuch
Ein Unternehmen der Droemerschen Verlagsanstalt Th. Knaur Nachf.
GmbH & Co. KG, München

Umschlaggestaltung: ZERO Werbeagentur, München
Umschlagabbildung: FinePic
Satz: Ventura Publisher im Verlag
Druck und Bindung: Nørhaven Paperback A/S
Printed in Denmark
ISBN 3-426-77685-5

2 4 5 3

Inhaltsverzeichnis

Danksagung 9
Vorwort zur Taschenbuchausgabe 11

Wie die Mauer in den Köpfen entsteht 13

Mißverständnisse und Irritationen 15 / Sieger und Verlierer 17 / Kommunikationsdilemma 18 / Drei Bausteine für die Mauer im Kopf 20 / Auf der Mauer, auf der Lauer ... 24 / Zwei Kommunikationskulturen 25

Deutungsmuster und Phasen
der Ost-West-Mißverständnisse 27

Die vier Deutungsmuster: Es gibt gar keinen grundsätzlichen Unterschied 27 / Das Gemeinsame und nicht das Trennende betonen 31 / Vier Phasen der Kommunikation: Übereinstimmungsphantasien 33 / Aktivismus und Überanpassung 34 / Ignoranz und Selbstbehauptung 34 / Verständigungs- oder Mischkultur 35

Der erste Blick und die Folgen 37

Man kann nicht nicht kommunizieren 37 / Schau mir in die Augen 40 / Abstand halten 42 / Kopf hoch 44 / Raum nehmen und Raum lassen 46 / Die Hand geben 47 / Spontane Berührungen 49 / Mut zur Pause 51

Die ersten Worte ... – manchmal gleich die letzten 57

Strategien der Gesprächseröffnung 57 / Beziehung contra Status – und umgekehrt 63 / Ich bin wer! – Wer bin ich? 66 / Fragen stellen – in Frage stellen? 71 / Innere Sprachräume 74 / Das Gesagte oder das Gemeinte zählt 77 / Das Trennende oder das Gemeinsame betonen 79

Mißverständnis,
Kulturschock oder Kommunikationsschock 83

Der Kommunikationsschock 83 / Wie verläuft der Kommunikationsschock? 88 / Das Spezielle am deutsch-deutschen Kommunikationsschock 90 / Ein berühmter amerikanisch-englischer Kommunikationsschock 95 / Schwierigkeiten, das Unsichtbare zu benennen 98 / Das Frustrierende und das Kreative am Kommunikationsschock 101

Achtung: Dünnes Eis! – Die häufigsten Konflikte 103

Die Ja-Nein-Falle 103 / Verwirrende Abstimmungen 108 / Direkte oder indirekte Form der Auseinandersetzung 112 / Eindämmen oder gezielt eskalieren 115 / Verabredungen treffen 118 / Rote Karte oder Konsens: Entgegengesetzte Versuche, Übereinstimmung herzustellen 122 / Das Problem mit dem öffentlichen und dem persönlichen Raum 126 / Kleider machen Leute – oder nicht? 129 / Fehl am Platz: Witz und Ironie 135

Kommunikationsprobleme im Job 136

Anweisungen geben 136 / Nur wer nichts tut, macht keine Fehler? 138 /Vom Umgang mit der Zeit 140 / Feedback und Selbstdarstellung vor der Gruppe 146 / Sach- und Persönlichkeitsebene 149 / Diskretion und Indiskretion 154 / Der Wert der Worte 155 / Schwarz auf weiß oder Auf Treu und Glauben 158

Spezielle Verständigungsprobleme zwischen Männern und Frauen in Ost und West 162

Du bist anders, und das ist wunderbar 162 / Westmänner und Ostfrauen 167 / Ostmänner und Westfrauen 170 / Zu mir in den Westen oder zu dir in den Osten 173 / Komplikationen bei der schönsten Sache der Welt 176

Prinzipien gelungener Kommunikation 182

Warum die Kommunikation trotzdem manchmal gelingt 182 / Heikle Punkte der Kommunikation 185 / Kreative Lösungen bei Irritationen und Kommunikationsschocks 186 / Zweisprachigkeit statt Anpassungszwang 189 / Zwiegespräche als spezielle Form, aus kommunikativen Fallen zu entkommen 191 / »Übersetzer« und Selbsthilfegruppen 193 / Beratung suchen – Kommunikation trainieren 194

Auf immer getrennt? 197

Danksagung

Als Autor und als Coach habe ich jahrelang mit Interesse und Erstaunen die Ost-West-Differenzen in den verschiedenen Formen der Kommunikation beobachtet. In meiner Praxis begegnete ich immer wieder Klienten aus West und Ost, die Verständigungsprobleme mit der jeweils anderen Seite hatten.

Die bezogen sich einerseits auf Führungsprobleme und Teamkonflikte, andererseits aber auch auf die speziellen Schwierigkeiten im Zusammenleben von Ost-West-Paaren. Die in den unterschiedlichen Bereichen immer wiederkehrenden Phänomene haben mich inspiriert, sie erst einmal systematisch zu sammeln und zu vergleichen. Später habe ich sie genauer beobachtet, versucht, sie zu deuten und auch die dahinterliegenden Prinzipien und Strukturen zu verstehen. Meine wichtigsten Erkenntnisse und Erfahrungen habe ich in diesem Buch zusammengefaßt.

Es versteht sich von daher als Beitrag zur Diskussion über die anhaltende sogenannte »innere Entfremdung« in Deutschland.

Dabei geht es mir nicht darum, neue Gräben aufzureißen, sondern die kreative Potenz, die in den Unterschieden steckt, und die ich selber oft erfahren habe, für die Verständigung zwischen Ost und West produktiv zu machen.

Dieses Buch wäre aber nicht geschrieben worden, wenn mich nicht viele Menschen dabei ermutigt und begleitet hätten.

Von daher möchte ich mich besonders bei Katharina Sieckmann bedanken, die den Prozeß der Entstehung des Manuskriptes von Anfang an kritisch begleitet hat.

Darüber hinaus danke ich: Felix Buche, Benjamin Müller, Christiane Dietrich, Michael Froese, Martin Glomm, Ila Wingen, Beverly Eddy, Wolfgang Müller, Katrin Scheibe, Monika Mitchell, Inka Lüders, Rolf Hanusch, Ruth Becker und Christine Düwel sowie meinem Literaturagenten Georg Simader und meiner Lektorin Waltraud Berz für unsere sehr intensiven Gespräche, für Anregungen und Kritik.

Zu diesem Buch haben jedoch auch viele meiner Coachingklienten beigetragen, die mir mit ihrer Offenheit und ihrem Vertrauen Einsichten in Lebensbereiche ermöglicht haben, die mir sonst verschlossen geblieben wären. Duch ihre Fragen haben sie mich herausgefordert, in bezug auf die Ost-West-Kommunikation neue Lösungswege zu suchen und zu entdecken. Auch dafür vielen Dank.

Und nicht zuletzt danke ich folgenden Institutionen, die mich als Autor – in der Zeit der Entstehung des Buches – unterstützt haben:

Max Kade Foundation
Dickinson College in Pennsylvania
Kultursenator von Berlin

Vorwort zur Taschenbuchausgabe

»Bei uns gibt es keine Ost-West-Kommunikationsprobleme«, heißt es häufig bei der Eröffnung eines Gesprächs. Doch schaut man hinter die Kulissen, sieht es plötzlich ganz anders aus. Hört man Ostlern und Westlern zu, wenn sie jeweils unter sich sind, wird kein Blatt mehr vor den Mund genommen und es tauchen plötzlich eine Reihe von Vorurteilen und Verletzungen auf.

Aber worin bestehen eigentlich die meisten Verständigungsprobleme zwischen Ost- und Westdeutschen? Sie basieren auf Unterschieden zwischen beiden Kommunikationskulturen. Schwierig wird es gerade deshalb, weil diese Differenzen geleugnet oder verdrängt werden. Solange beide Seiten davon ausgehen, daß der andere so ist, wie man selbst, nur weil er »deutsch« spricht, sind Enttäuschungen, Irritationen und Frustrationen nicht zu vermeiden.

Ich habe das Buch »Ihr könnt uns einfach nicht verstehen« geschrieben, um die Differenzen – die auf beiden Seiten nicht bewußt sind – deutlich wahrnehmbar zu machen. Dabei war es mein Ziel, diesen Unterschied als eine Bereicherung darzustellen, nicht als ein möglichst schnell zu überwindendes Übel.

Sieben Auflagen in zwei Jahren haben gezeigt, wie groß – in Ost und West – das Interesse ist, die verborgenen Unterschiede in der Kommunikation kennenzulernen, zu verstehen und spielerisch mit ihnen umzugehen. Durch eine überwältigende Anzahl von Rückmeldungen und in vielen Diskussionen konnte ich erfahren, wie wichtig dieser Verständigungsprozeß, den ich durch dieses Buch angestoßen habe, für viele Menschen im Alltag, im Beruf und im Privatleben geworden ist. Vor allem Menschen in Ost und West, die mit der jeweils anderen Seite zu tun haben, die Menschen anleiten und führen, die mit ihnen zusammen arbeiten und verhandeln, die zusammen wohnen und leben, konnten durch dieses Buch Nuancen und Hintergründe besser verstehen.

Für beide Seiten erwies es sich als ausgesprochen hilfreich, ein Werkzeug in den Händen zu haben, um sich selbst und den anderen besser und genauer wahrzunehmen. Dadurch lösten sich viele Vorurteile auf und ein Neuanfang in der Begegnung wurde möglich. In vielen Fällen wurde aus Mißverständnissen oder Frustrationen zum ersten Mal auch ein gemeinsames und befreiendes Lachen.

Endlich muß niemand mehr behaupten, es gäbe keinen Unterschied, wo man ihn doch jeden Tag spürt. Endlich muß man sich nicht mehr zurücknehmen oder schämen, weil man aus der einen oder aus der anderen Kultur kommt. Und vor allem: Endlich kann man die Unterschiede benennen und offen aussprechen, ohne damit zwangsläufig eine Wertung vorzunehmen. Es gibt eben kein »besser« oder »schlechter«.

Zum Wesen von Kulturen, auch von den Kommunikationskulturen in Ost und West gehört es, daß sie nicht »besser« oder »schlechter« sondern »anders« sind. Wie man leicht erkennen kann, wenn man sich näher auf die andere Kultur einläßt, geht jeder Vorteil auch mit einem Nachteil einher und jeder Nachteil mit einem Vorteil.

Besonders freut es mich, daß inzwischen in Seminaren und Managementtrainings, in der Weiterbildung und in der

Familienberatung diese kulturellen Unterschiede zwischen Ost und West eine zunehmend stärkere Beachtung finden.

Zusammenfassen könnte ich die unterschiedlichen Rückmeldungen auf mein Buch am ehesten so: Wenn man erst einmal anfängt, sich mit den Feinheiten der jeweils anderen Kommunikationskultur auseinanderzusetzen, lernt man auch sehr viel über sein eigenes Gesprächsverhalten und nimmt vieles im Alltag genauer und sensibler wahr. Von der anderen Seite gibt es auf einmal etwas zu lernen – und das kann sogar Spaß machen!

Möge es Ihnen auch so ergehen.

Herzlichst,

Ihr Olaf Georg Klein

Wie die Mauer in den Köpfen entsteht

Mißverständnisse und Irritationen / Sieger und Verlierer / Kommunikationsdilemma / Drei Bausteine für die Mauer im Kopf / Auf der Mauer, auf der Lauer … / Zwei Kommunikationskulturen

Mißverständnisse und Irritationen

Eine zwanzigjährige Frau aus dem Osten lebt und arbeitet im Westen. Sie sagt, sie fühle sich dort fremder als im Ausland …

Eine Trainerin aus dem Westen bekommt keinen Kontakt zu ihren Seminarteilnehmern im Osten. Sie wird als arrogant und überheblich wahrgenommen, weil sie nicht bereit ist, in den Trainings über private Dinge zu sprechen …

Eine Westjournalistin arbeitet bei einem ostdeutschen Rundfunksender. Bei einer Journalistenweiterbildung im Westen wird sie für eine Ostlerin gehalten. Sie fühlt sich isoliert und wie jemand behandelt, dem man nicht offen sagen kann, was man von ihren Arbeiten hält …

Ein Abteilungsleiter aus dem Osten kann die Bereitschaft seiner Westkollegen, Konflikte weiter zuzuspitzen, nicht nachvollziehen …

Eine Westchefin ist genervt, weil sie den Ostkolleginnen gegenüber bei jeder Auswertung betonen muß, daß es nur rein sachlich und nicht persönlich gemeint ist …

In einer Seminargruppe in Berlin bitten die Studenten aus dem Westen nicht um Hilfe, wenn sie nicht weiterkommen, die Studenten aus dem Osten fragen einfach nach …

Auf Partys stehen die Ostler mit Ostlern herum und die Westler mit Westlern …

Ostler, die im Westen arbeiten und leben, haben hauptsächlich zu Ostlern private Kontakte …

Westler wiederum, die im Osten leben und arbeiten, bilden dort Selbsthilfegruppen, um sich über den Streß und die Irritationen, die sie alltäglich erleben, auszutauschen …

Die Liste der Verständigungsprobleme zwischen Ost- und Westdeutschen läßt sich beliebig fortsetzen. Hier geht es nicht nur um Mißverständnisse, wie sie überall im Alltag vorkommen. Hinter diesen Irritationen stehen grundsätzlich andere kulturelle und mentale Prägungen, Erwartungen und Selbstverständlichkeiten in Ost und West.

Zwei verschiedene Kommunikationskulturen treffen hier aufeinander. Sie gehen einher mit unterschiedlichen Einstellungen und Haltungen:

- zu sich selbst;
- zum eigenen Körper;
- zu anderen Personen;
- zum Aufbau und zur Wertigkeit von Beziehungen;
- zum Phänomen der Zeit;
- zum Thema von Teilhabe und Abgrenzung;
- zum Verhältnis von Nähe und Distanz;
- zur Frage von Konsens oder Konflikt.

Diese und viele andere Differenzen führen zu Verstimmungen, Irritationen und Frustrationen, wenn sich Ost- und Westdeutsche begegnen. Dabei ist es egal, ob sie miteinander verhandeln, zusammen arbeiten, sich lieben oder zusammen leben.

Sieger und Verlierer

Wie aber konnten sich diese Unterschiede innerhalb eines so kurzen historischen Zeitraums von vierzig Jahren überhaupt in dieser Dimension und Tiefe herausbilden?

Um das nachzuvollziehen, ist es gut, einen Blick zurück zu werfen. Deutschland war nach 1945 die Verlierernation. Sowohl im Osten als auch im Westen ging es nach dieser Diktatur um einen Neuanfang. Dabei kam es auf beiden Seiten zu einer unterschiedlich gearteten Identifikation mit den jeweiligen Siegern. Das war zum Teil eine bewußte, zum Teil aber auch eine unbewußte Anpassung. Und zwar nicht nur an die jeweiligen ökonomischen und politischen Systeme – sondern mindestens ebenso stark an die Kommunikationsgewohnheiten, die mentalen Modelle und die damit einhergehenden Vorstellungen über: Persönlichkeit, Nähe und Distanz, Offenheit und Verschlossenheit, die Rolle der Frau, das Verhältnis der Geschlechter, den Umgang mit Zeit und vieles mehr.

Vor allem die amerikanische und die osteuropäische Kommunikationskultur haben sich auf die mentalen Prägungen und den Kommunikationsstil in beiden Teilen Deutschlands ausgewirkt.

Es würde zu weit führen, diese Einflüsse hier im einzelnen

darzustellen. Aber wer die Gelegenheit hatte, sowohl Osteuropa länger zu bereisen, als auch eine Zeitlang in den USA zu leben, kann sehr gut nachvollziehen, inwieweit die Mentalitäten auf die Kommunikationskulturen in Ost- und Westdeutschland durchgeschlagen haben.

Im Osten ist dieser Einfluß durch Schüleraustausch, Freundschaften, berufliche Kontakte, nicht zuletzt durch die millionenfachen Urlaube in den Ländern Osteuropas zum Tragen gekommen.

Im Westen hat auch der teilweise vorhandene Antiamerikanismus nicht verhindert, daß Verhaltensweisen, Moden, geistige Strömungen und Vorstellungen von Persönlichkeit mit wenigen Jahren Verzögerung übernommen wurden.

Diese mentalen Unterschiede in Ost und West standen in Beziehung zu den jeweils herrschenden politischen, ökonomischen und rechtlichen Systemen in Deutschland, aber sie gehen darin nicht auf. Sonst würden sie sich nämlich jetzt nicht so hartnäckig halten. Veränderte ökonomische Systeme heißt noch nicht veränderte Mentalitäten, wie auch umgekehrt gleiche ökonomische Systeme noch nicht bedeuten, daß auch die Mentalitäten gleich sind.

Kommunikationsdilemma

Wenn unterschiedliche Wertehierarchien, Ansichten und mentale Modelle – in der Ost-West-Begegnung – aufeinandertreffen, ist das eigentlich noch kein Problem. Das passiert schließlich auch sonst im täglichen Leben. Wichtig ist aber, daß man über diese auftretenden Differenzen miteinander reden kann.

Ist jedoch die Kommunikationskultur, die Art und Weise zu sprechen, selber das Problem, dann wird es wirklich kompliziert. Wenn Nähe und Distanz, Status und Beziehung, Sympathie und Antipathie jeweils anders empfunden und ausgedrückt werden, kann man nicht sicher sein, wie der andere zu einem steht. Man weiß auch nicht genau, worüber man eigentlich reden müßte – nämlich erst einmal nicht über Inhalte, sondern über die Form. Über die eigentlich selbstverständlichen Hintergründe und Voraussetzungen seines eigenen Sprechens und Verhaltens.

Ich habe seit Jahren die Irritationen und Mißverständnisse, die zwischen Ost- und Westdeutschen auftreten, aufmerksam beobachtet und registriert. Dabei habe ich feststellen können, wie sich unterschiedliche Einstellungen, Haltungen und Werte in den beiden Kommunikationskulturen, in der Art und Weise zu kommunizieren niedergeschlagen haben. Genau an dieser Stelle wird das Problem aber am wenigsten vermutet. Denn man meint auf beiden Seiten, in Ost und West werde die gleiche Sprache gesprochen.

Nun ist das Verständigungsproblem allerdings auch kein Problem der Worte. Der Wortschatz des Ostens und des Westens ist nahezu identisch. Abgesehen von ein paar exotischen Begriffen wie »Datsche« und »Goldbroiler« auf der einen Seite und ein paar Amerikanismen auf der anderen Seite gibt es in diesem Bereich keine nennenswerten Unterschiede.

Zur Verständigung, zu einer »gleichen Sprache« gehören jedoch nicht nur übereinstimmende Vokabeln, sondern auch die gleiche Deutung dessen, was gesagt wird. Gleiche Wertehierarchien (die normalerweise nicht mitkommuniziert werden), gleiche kulturelle Hintergründe (die als selbstverständlich vorausgesetzt werden), die gleiche Einordnung verschiedener Formen der Körpersprache (die spontan gedeutet, über die aber normalerweise nicht gesprochen wird) gehören eben auch dazu.

Drei Bausteine für die Mauer im Kopf

Im ost-westdeutschen Dialog lassen sich drei große Bereiche unterscheiden, die für die dort auftauchenden Verständigungsprobleme, für die sogenannte »Mauer im Kopf« verantwortlich sind.

Das ist zum einen das Zusammenwirken von verbalen und nonverbalen Kommunikationsformen. Zum Beispiel gibt es Unterschiede in der Sprechgeschwindigkeit, in der Anzahl und Länge der Gesprächspausen, in der Empfindung von »normaler« körperlicher Nähe und Distanz und in der Länge des Blickkontaktes.

Nonverbale Signale korrespondieren jedoch mit den gesprochenen Worten auf eine spezielle Weise. Man kennt das Problem beim Flirten. Über Erfolg oder Mißerfolg entscheidet, ob der andere dieses Zusammenspiel von Worten und Gesten so wahrnimmt und deutet, wie es gemeint war und umgekehrt.

Der zweite Punkt, an dem es eine Reihe von Verständigungsproblemen gibt, betrifft das, was wir »sagen« und das, was wir damit wirklich »meinen«.

Das, was gemeint ist, ist in jeder Kommunikationskultur eine ganz spezielle Mischung von dem, was tatsächlich gesagt wurde – dem eigentlichen Text – und dem, was bei dem anderen als selbstverständlich vorausgesetzt wurde – dem sogenannten Kontext. Dieser Kontext wird normalerweise nicht mitkommuniziert, weil er als bekannt und selbstverständlich bei dem anderen vorausgesetzt wird.

Ein Beispiel: In der westlichen Kommunikationskultur gibt es eine starke Trennung zwischen dem sachlich-öffentlichen und dem persönlich-privaten Bereich des Lebens. Diese Unterscheidung gilt als selbstverständliche Voraussetzung bei allem, was gesagt wird (muß also nicht betont werden).

In der östlichen Kommunikationskultur sind diese beiden Bereiche viel stärker miteinander verbunden. Auch ganz selbstverständlich.

Genau deswegen bestehen die Ost-Mitarbeiterinnen bei der West-Chefin darauf, ihre Kritik als »rein sachlich« und »nicht persönlich gemeint« zu kennzeichnen – was aus der Sicht der Chefin überflüssig, weil selbstverständlich ist. Und darum erwarten Seminarteilnehmer aus dem Osten von der Trainerin aus dem Westen, daß sie sich auch als Privatperson und nicht nur professionell »zeigt«.

Dann gibt es einen dritten Bereich der Irritationen, der mit der Sprachökonomie zusammenhängt. Man läßt das weg, von dem man glaubt, daß man es bei dem anderen als bekannt voraussetzen kann. Hier ein Beispiel, das in Ost und West zwar nicht zu Problemen führt, das aber das Prinzip sehr gut verdeutlicht. Eine Person sagt zu einer anderen:

»Bringen Sie mir doch bitte ein Glas Wasser.«

Scheinbar ist dieser Text eindeutig und vollständig. Die möglichen Mißverständnisse werden aber schnell offenbar, wenn man sich bewußt macht, was bei diesem Satz alles als »selbstverständlich« vorausgesetzt wurde. Mal angenommen, jemand hat Durst, dann erwartet er oder sie: ein Glas frisches Trinkwasser, in einem sauberen Glas, zu vierfünftel gefüllt, und zwar in den nächsten Sekunden.

Wenn das Wasser zwei Stunden später gebracht wird, wenn es abgestanden, lauwarm oder heiß ist, wenn nur gerade der Boden bedeckt ist oder es gar in einem schmutzigen Einweckglas gebracht wird, dann wird schnell klar, daß die Kommunikation nicht vollständig war. Das meiste wurde nicht gesagt, sondern als Kontext vorausgesetzt. Solange alles gut geht, das heißt, beide den gleichen unausgesprochenen Kontext haben, gibt es auch keine Probleme.

Obendrein ist bei solchen praktischen Dingen die Auflösung von Irritationen ziemlich einfach. Wenn das Wasser nicht kommt oder lauwarm ist, kann man das, was man eigentlich gemeint hat, ja noch einmal präzisieren.

Die Dinge sind jedoch viel schwieriger, wenn dieser gegenständliche Bereich verlassen wird. Beim Ausdrücken von Nähe oder Distanz, von Höflichkeit oder Schroffheit, von Interesse oder Desinteresse, von Zuneigung oder Ablehnung, von Anerkennung oder Kritik, bei der Deutung von Blicken, Gesten und Bewegungen ist der vorausgesetzte Kontext wesentlich schwieriger zu entschlüsseln, und die Anzahl der möglichen Übertragungs- und Deutungsfehler ist entsprechend größer. Außerdem sind die Auswirkungen meist nicht sofort, sondern erst mit einer zeitlichen Verzögerung zu spüren.

In der ost-westdeutschen Kommunikation gibt es in diesen und vielen anderen Bereichen unterschiedliche Voraussetzungen und Deutungen. Dennoch werden bei der Begegnung jeweils gleiche Kontexte vorausgesetzt. Was daraus folgt, ist klar. Irritationen und Frustrationen, die man sich einfach nicht erklären kann.

Die Seminarteilnehmer sagen natürlich nicht, daß sie es »normal« finden und von einer Trainerin erwarten, daß sie auch Privates von sich preisgibt, weil sie nur dann ein Vertrauensverhältnis aufbauen können. Sie fordern es als »selbstverständlich« ein, und wenn es nicht kommt, sind sie nicht bereit, sich auf das Sachthema einzulassen, und boykottieren das Seminar.

Die Trainerin ihrerseits hat keine Veranlassung zu erwähnen, daß es für sie »selbstverständlich« ist und zu ihrer Professionalität gehört, wirklich Privates von ihrem Job zu trennen, und daß sie die Forderung, private Einblicke zu gewähren, als unzulässig oder sogar als Angriff empfindet.

Zum Wesen des Kontextes gehört, daß man ihn oft selbst nicht bewußt kennt, weil er in »Fleisch und Blut« übergegangen ist, und ihn von daher auch nicht ohne weiteres mitteilen kann. Er wird vorausgesetzt und ist, wie Paul Watzlawick es formuliert hat, weitgehend »außerbewußt«, das heißt, mir selber und dem anderen nicht bewußt (vgl. dazu auch das Kapitel »Kommunikationsschock« und Paul Watzlawick: »Menschliche Kommunikation«).

Er ist so selbstverständlich, daß nicht über ihn nachgedacht wird. Das ist normalerweise auch kein Problem. Solange die Verständigung klappt, braucht man sich über den gemeinsamen Kontext auch keine Gedanken zu machen.

So hat man sowohl im Osten wie auch im Westen kaum eine Vorstellung von dem, was man selbst als Kontext voraussetzt und natürlich erst recht nicht, was für den anderen selbstverständlicher Kontext seines Sprechens ist. Und über das, was man nicht kennt, kann man auch nicht sprechen.

Auf der Mauer, auf der Lauer ...

Die Beispiele zeigen bereits, daß man tief in beide Sprachkulturen eingedrungen sein muß, um diese verdeckten Kontexte zu erkennen und zu deuten. Es handelt sich also um ein kulturelles Problem und nicht um ein individuelles. Normalerweise neigen wir im Alltag jedoch zu persönlichen Zuschreibungen, vor allem, wenn Kommunikationsprobleme auftreten, die wir uns nicht erklären können.

Wenn die Verständigung nicht funktioniert, man sein Ziel nicht erreicht, wird die »Schuld« oft bei dem anderen, manchmal auch bei sich selbst gesucht. Beides aber hilft nicht wirklich weiter.

Da nun bestimmte Mißverständnisse und Irritationen öfter auftreten, entstehen mit der Zeit eine ganze Reihe von Vorurteilen, Aversionen und unterschwelligen Aggressionen, die die Kommunikation zusätzlich erschweren und bisweilen gar unmöglich machen.

Wer einen Blick über die »unsichtbare Grenze« werfen will, muß sich klar darüber sein, daß viele scheinbare Selbstverständlichkeiten eben nicht für beide Seiten gelten und daher angesehen, besprochen und neu verhandelt werden müssen.

Die beste Haltung ist die sokratische: »Ich weiß, daß ich nichts weiß.« Wenn man so vorgeht, ist es möglich, Mißverständnisse, die sonst in kurzer Zeit zu einem völligen Abbruch der Kommunikation führen, zu verstehen und diese sogar als Wegweiser zur Aufdeckung unterschiedlicher Kontexte zu nutzen und zu einem besseren Verständnis zu kommen.

Ziel ist es, sich auf beiden Seiten der unsichtbaren kommunikativen Grenze komfortabel bewegen zu können: problemlos zu verstehen, was der Gesprächspartner aus der anderen Kommunikationskultur wirklich meint und sich selbst so auszudrücken, daß man von dem anderen verstanden wird.

Zwei Kommunikationskulturen

In diesem Buch spreche ich möglichst nicht von »dem Ostler« oder »dem Westler«, sondern von der östlichen beziehungsweise der westlichen Kommunikationskultur, die uns über Jahrzehnte jeweils unterschiedlich geprägt hat. Darüber hinaus wirkten natürlich auch unterschiedliche Subkulturen sprachlicher, landschaftlicher, politischer oder religiöser Art auf uns ein. Einwirkung bedeutet jedoch nicht: Zwang. Jeder Mensch hat auch die Möglichkeit, zu seiner Kommunikationskultur auf Distanz zu gehen. Das setzt allerdings einen bewußten Prozeß des »Umlernens«, des »Verlernens« und »Neulernens« voraus. Spontan sprechen und verstehen wir erst einmal so, wie wir es in der Kindheit und später gelernt haben und gewöhnt sind.

Insofern möchte ich mit den vielen Beispielen und Gegenüberstellungen Trends und Tendenzen aufzeigen, die in der jeweiligen Kommunikationskultur vorherrschen. Das heißt jedoch nicht, daß es keine Ausnahmen gibt.

Ich habe bei meiner Auswahl für dieses Buch nur die Beispiele aufgenommen und die Themenbereiche dargestellt, die mir in meiner Coaching-Praxis und bei meinen Kommunikationstrainings sehr häufig und in ganz unterschiedlichen Zusammenhängen begegnet sind.

Ich hoffe, daß sich in den nächsten Jahren ein größeres gegenseitiges Verständnis zwischen diesen unterschiedlichen Kommunikationskulturen herausbildet. Es führt zu nichts, die eine oder die andere als »besser« oder »schlechter« zu charakterisieren. Bei einem genaueren Hinsehen zeigt sich, daß ein bestimmter Vorteil, den eine Kommunikationskultur hat, auch mit einem Nachteil einhergeht und umgekehrt. Wenn aber beide Seiten bereit und fähig sind, voneinander zu lernen, könnten sie ihre jeweiligen Vorzüge miteinander vereinen.

Deutungsmuster und Phasen der Ost-West-Mißverständnisse

Die vier Deutungsmuster: Es gibt gar keinen grundsätzlichen Unterschied / Der Westen ist schuld / Der Osten ist schuld / Das Gemeinsame und nicht das Trennende betonen / Vier Phasen der Kommunikation: Übereinstimmungsphantasien / Aktivismus und Überanpassung / Ignoranz und Selbstbehauptung / Verständigungs- oder Mischkultur

Die vier Deutungsmuster

Die ost-westdeutschen Kommunikationsprobleme werden sehr unterschiedlich betrachtet. Vier Deutungsmustern bin ich bei meiner Arbeit an dem Thema besonders oft begegnet.

»Es gibt gar keinen grundsätzlichen Unterschied«, lautet das erste. Die Vertreter dieser Haltung leugnen nicht, daß es Probleme gibt, behaupten aber, alle Mißverständnisse seien rein individueller Natur.

Natürlich gibt es in jeder Kommunikation eine individuelle Komponente, doch eine so stabile und hartnäckige Linie der Irritation, der Aversion und Konfrontation, wie sie zwischen Ost- und Westdeutschen jetzt seit über zehn Jahren besteht, muß strukturelle Ursachen haben. Die Fülle der Beispiele aus dem Arbeitsleben, aus alltäglichen Begegnungen, aus Teamzusammenhängen und Paarbeziehungen sprechen eine deutliche Sprache.

Auch der Einwand, die Unterschiede seien überwiegend materieller Art und würden mit der Anpassung der Lebensverhältnisse verschwinden, greift eindeutig zu kurz.

Dagegen spricht die Erfahrung der letzten zehn Jahre. Zum einen sind trotz einer gewissen Angleichung der Lebensverhältnisse in Ost und West die Kommunikations- und Verständigungsprobleme eher größer als kleiner geworden.

Zum anderen bestehen die Verständigungsschwierigkeiten interessanterweise auch da, wo sie nach dieser Theorie gar nicht auftreten dürften, nämlich beim Zusammentreffen von Vertretern gleicher Schichten: Das kann man zum Beispiel bei Studenten, bei Therapeuten, bei Lehrern und bei Unternehmern aus dem Osten und dem Westen beobachten.

Schließlich gibt es den Einwand, mit dem Heranwachsen einer Generation, die die DDR nicht mehr bewußt erlebt hat, würde sich das Kommunikationsproblem von allein erledigen. Auch diese Vermutung ist mittlerweile widerlegt (vgl. dazu das »Buch der Unterschiede«, in dem junge Leute aus Ost und West, die zur Zeit der Wende gerade zehn Jahre alt waren, ihre Differenzerfahrungen beschreiben).

Dieses Phänomen überrascht eigentlich auch nicht, da wesentliche Formen der Kommunikation bereits sehr früh, vor allem in der Familie gelernt und eingeübt werden: Höflichkeit, Zuneigung, Ablehnung, Nähe, Distanz, Konfliktlösung.

Wenn es so einfach wäre, kommunikative Prägungen zu verändern, dann hätten sich ja die Unterschiede zwischen Nord- und Süddeutschen im Verlauf der letzten hundertdreißig Jahre längst nivellieren müssen. Offensichtlich haben sie das nicht getan. Sowohl im Westen als auch im Osten, wo es zwischen Mecklenburgern und Sachsen ähnliche Differenzen gibt wie zwischen Friesen und Bayern, bestehen sie weiter. Allerdings werden diese Nord-Süd-Unterschiede inzwischen von den Ost-West-Unterschieden deutlich überlagert.

Man tut also gut daran, sich bei den mentalen und kommunikativen Unterschieden zwischen Ost- und Westdeutschen ebenfalls auf längere historische Zeiträume einzurichten.

Während also einerseits geleugnet wird, daß es überhaupt strukturelle Kommunikationsprobleme gibt, suchen andere die Schuld bei ihrem Gegenüber und sagen: **»Der Westen ist schuld« oder »Der Osten ist schuld«**.

Das bringt zwar nichts – schon gar kein besseres Verständnis –, hat aber den fragwürdigen Vorteil, daß es entlastend wirkt. Zumindest subjektiv und kurzfristig, bis die Probleme bei der nächsten Gelegenheit erneut und verstärkt wieder auftreten.

Vorgebracht wird auf der östlichen Seite: Der »Westler« sei angeberisch und fassadenhaft ... rede nur von sich selber ... vollführe in einem fort Selbstdarstellungsrituale ... zeige keine Gefühle ... habe wenig enge und vertraute Freunde ... spreche nicht über persönliche Probleme ... könne keine Schwächen zugeben ... sei ständig besorgt um das eigene Image ... übertreibe maßlos ... könne nicht zuhören ... sei besserwisserisch ... wolle einen über den Tisch ziehen ... reduziere das Leben auf Ökonomie ... sei kalt und funktionalistisch ... darum könne kein echtes Gespräch zustande kommen ... deswegen könne man mit ihm nicht wirklich warmwerden ...

Die Vorwürfe laufen allesamt darauf hinaus, daß der andere anders ist als man selbst. Und da ist ja etwas Wahres dran. Interessanter wäre es aber, diesen Vorurteilen nachzugehen und sie als Wegweiser zu betrachten. Denn sie deuten auf einen doppelt unbekannten Kontext hin, nämlich den eigenen und den fremden.

Dann fiele es den Befragten auch nicht so schwer, genauer auszudrücken, was sie eigentlich genau vermissen, was dieses »nicht warmwerden« bedeutet, wie sie zu der Vorstellung z.B. der »Fassadenhaftigkeit« kommen.

Auffällig ist auch, daß sich bestimmte Vorurteile bei der direkten Begegnung nicht vermindern, sondern sich gegenseitig noch verstärken. Und zwar nicht als »sich selbst erfüllende negative Prophezeiung«. Im Gegenteil. In der Hoffnung, daß schon alles gut gehen wird, werden die Probleme und gegenseitigen Verletzungen größer, je mehr guter Wille und Engagement für eine Verständigung vorhanden ist. Denn beidseitig tut man das, was man immer getan hat, noch intensiver. Was im Kontext der eigenen Kultur oft zum Erfolg führt, verschlimmert bei der Begegnung mit der anderen Kommunikationskultur jedoch oft die Verstimmung. Da der eigene und der fremde Kontext unbekannt sind und nicht mitkommuniziert werden, bleibt die Verständigung Glückssache.

Werden Menschen aus dem Westen nach den Ursachen der Kommunikationsprobleme gefragt, behaupten sie: Der Ostler sei faul ... nicht so belastbar ... er sei unselbständig ... klage und jammere viel ... lasse sich nicht helfen ... sei undankbar ... zeige keine Eigeninitiative ... könne sich selbst nicht darstellen ... sei zu langsam ... kriege den Mund nicht auf ... sage nicht klar ja oder nein ... sei indiskret ... zu emotional ... komme nicht auf den Punkt ... sei autoritätshörig ... finde nicht den richtigen Ton ... am angenehmsten sei der, dem man gar nicht mehr anmerke, daß er aus dem Osten sei ...

Auch hier verhindert die schnelle Schuldzuweisung, daß durchaus erkannte Verhaltensunterschiede mit dem Ziel einer besseren Verständigung hinterfragt werden können. Im übrigen gibt es auf beiden Seiten natürlich auch Leute, die die Schuld an den kommunikativen Problemen nicht bei dem anderen, sondern bei sich selber suchen, nur bringt das in diesem Fall keine Lösung. Denn es geht nicht um Schuld, sondern um das Aufdecken der Unterschiede.

Tendenziell eher wohlwollend, dabei aber ebenfalls ziemlich ignorant gehen jene mit den Ost-West-Mißverständnissen um, die **»das Gemeinsame und nicht das Trennende betonen«** möchten.

Da wird vorgebracht, es gebe vielleicht Unterschiede in der Mentalität, im Verhalten und in der Kommunikation, aber es wäre besser, diese zu übergehen. Wenn man die Unterschiede benenne und beschreibe, würde man damit den Prozeß der Verständigung eher stören als fördern.

Durch die Darstellung der Unterschiede entstünden neue Identifikationsmöglichkeiten, und das erhöhe die ohnehin vorhandene »Mauer in den Köpfen«. Wenn man jedoch das Gemeinsame betone, würde das Trennende eher verschwinden.

Wie wenig diese und ähnliche Appelle an die Vernunft und den guten Willen bisher bewirkt haben, ist allenthalben zu beobachten. Die Kontinuität besteht hauptsächlich in der Wiederkehr des Ausgeblendeten. Die Leugnung von tiefgehenden Kommunikationsunterschieden bringt zusätzliche Probleme hervor. Man spürt genau, daß etwas nicht stimmt, kann es aber oft nicht benennen. Dadurch bleiben beide Seiten den Phänomenen ausgeliefert. Außerdem werden die

Unterschiede so einer wirklichen Untersuchung entzogen. Wenn Differenzen aber nicht »festgestellt« werden, können auch keine wirklich neuen, kreativen Lösungen entwickelt werden.

Das Verdrängen führt genau zu den Folgen, die man eigentlich vermeiden möchte:

- enthusiastisch begonnene Ost-West-Projekte versanden
- Ost-West-Paarbeziehungen sind nach einer Phase der Euphorie zerrüttet
- Ost-West-Teams sind selbst nach Jahren noch gespalten
- gegenseitige Vorurteile bestätigen sich in der direkten Begegnung
- Irritationen und Frustrationen werden individuell zugeschrieben

Wenn man die Kommunikationssituation nicht zementieren will, ist es besser, sich mit ihr auseinanderzusetzen, die Hintergründe aufzuklären und die Unterschiede fruchtbar zu machen.

Erst wenn man die verschiedenen Kontexte und Gesprächsstrategien unvoreingenommen ansieht und deren tieferen Sinn versteht, kann man die unsichtbare Grenze wechselseitig übertreten. Und mehr noch: Beide Seiten können mit den Unterschieden virtuos umgehen, mehr über ihre eigenen »außerbewußten« Prägungen lernen.

Vier Phasen der Kommunikation

In den letzten zehn Jahren habe ich vier unterschiedliche Phasen der Ost-West-Kommunikation beobachtet, Phasen, die teilweise auch ineinander übergehen.

Die erste Phase war von **Übereinstimmungsphantasien** bestimmt.

Konzentrierter Ausdruck davon war auf östlicher Seite der Spruch: »Wir sind ein Volk«. Was eins ist, kann nicht zwei sein. Was eins ist, muß sich natürlich auch nicht auf besondere Weise miteinander verständigen. Man muß nichts aushandeln, nicht besonders auf seine Kommunikation achten, keine Unterschiede wahrnehmen und nichts ausgleichen. Verstehen und Verständnis kann vorausgesetzt werden. Man muß einfach nur so sein, wie man ist, und dann ist alles gut.

Das Pendant auf der westlichen Seite hieß in etwa: »Endlich, Brüder und Schwestern, seid ihr frei«. Auch diese Sichtweise ging von Übereinstimmung aus. Wer zur Familie gehört, ist nicht wirklich fremd. Er gehört dazu. Man hat gemeinsame Legenden, gemeinsame Prägungen, und die sind im Zweifelsfall stärker als die Unterschiede.

Daß solche Übereinstimmungs- und/oder Zugehörigkeitsphantasien die vorhandenen mentalen Unterschiede nur kurzzeitig überdecken konnten, war klar. Fataler für den Verständigungsprozeß war, daß aus unterschiedlichen Gründen noch lange an diesen Metaphern festgehalten wurde, was die kommunikative Situation eher verschlechterte als verbesserte.

Gesehen wurden die Unterschiede lediglich da, wo sie am offensichtlichsten waren, in der Ökonomie. Die mentalen und kommunikativen Unterschiede werden teilweise noch heute verdrängt.

Die zweite Phase war geprägt von der Polarität: **Aktivismus** auf der Seite des Westens und **Überanpassung** auf der Seite des Ostens.

Um in der Familienmetapher zu bleiben: Gut, wir sehen, daß wir uns auseinanderentwickelt haben, daß es Unterschiede gibt. Aber das wird schon wieder. Im Westen herrschte ein wohlwollender Missionarseifer vor: »Am schnellsten und besten geht es, wenn ihr sofort werdet wie wir«. Die östliche Seite kam dieser Vorstellung entgegen: »Wir wollen uns nicht mehr von euch unterscheiden«. Das gleiche essen, die gleichen Reisen machen, die gleiche Kleidung tragen, die gleichen Autos fahren, die gleichen Häuser bauen.

Aber in der Begegnung, in der Kommunikation klemmte es nach wie vor. Die mentale und kommunikative Differenz blieb. Weder der individuelle und strukturelle Anpassungsdruck noch der Anpassungswille reichen offensichtlich aus, um diese Unterschiede zu überbrücken oder zu nivellieren.

Die dritte Phase, die dann einsetzte, ist gekennzeichnet von einer Polarität zunehmender **Ignoranz** im Westen und stärkerer **Selbstbehauptung** im Osten. Das Interesse der westlichen Seite am Osten ging dabei deutlich zurück. Der Versuch, die kulturellen, mentalen und kommunikativen Unterschiede zu verstehen und vielleicht sogar für die eigene Kommunikationskultur fruchtbar zu machen, wich einer zunehmenden Gleichgültigkeit.

Im Osten dagegen zeigte sich nach den verschiedenen Versuchen der Überanpassung bis hin zur Selbstaufgabe so etwas wie ein neues, leicht trotziges Selbstbewußtsein: »Der Osten ist gut«.

In dieser Phase kommt es zu einer Rückbesinnung auf bestimmte Musikgruppen, Zigarettenmarken und auch auf die unverwechselbar eigene, individuelle Geschichte, die sich nicht mit dem untergegangenen politischen System gleichsetzen läßt. Damit einher geht die Einsicht, daß die gewohnte Art, mit Beziehungen zu Freunden, mit Konflikten, mit Zeit und Muße umzugehen, sowie bestimmte Formen der Kommunikation ihren Sinn und ihre Berechtigung haben und daß mit der Aufgabe dieser Formen etwas Wesentliches verlorengehen würde.

Insgesamt ist in dieser noch immer aktuellen Phase eine Art Koexistenz zu erkennen. Man läßt sich in Ruhe. Und wenn man nicht gerade gezwungen ist, in Berlin, im ehemaligen »Zonenrandgebiet« oder in irgendwelchen gemischten Teams zusammenzukommen, dann geht man sich eher aus dem Weg.

Wirklich schwierig ist es nur für die, die der Begegnung nicht ausweichen können. Aber das werden immer mehr. Sie müssen sich in dem unbekannten Kommunikationsgestrüpp irgendwie zurechtfinden, ob sie wollen oder nicht. 1,7 Millionen Menschen sind in den letzten zehn Jahren von Ost nach West gewandert, einige Hunderttausend in umgekehrter Richtung.

Im zögerlichen Entstehen begriffen zeigt sich jetzt etwas, was ich als eine Phase der **Verständigungs- oder Mischkultur** bezeichnen würde. Sie beginnt zwangsläufig überall da, wo man weder mit der einen noch mit der anderen Kommunikationsstrategie wirklich weiterkommt.

Vor allem natürlich in der Mitte Berlins, aber auch bei den Millionen von Wanderern zwischen den Welten.

Einerseits versucht natürlich jeder, die eigenen Kommunikationsformen beizubehalten, andererseits ist der jeweils »Fremde«, der hinzukommt, gezwungen, sich – so gut es geht – an die Kommunikationsformen seiner neuen Umgebung anzupassen, um nicht ständig Frustrationen zu erleben. Man ist also gezwungen, die kommunikativen und mentalen Prägungen der jeweils anderen Kultur zu verstehen, zu berücksichtigen und teilweise auch zu integrieren. Dieser Prozeß findet zum Teil unbewußt, quasi durch »Abfärbung« statt, zum Teil aber auch durch bewußte Auseinandersetzung mit den mentalen Modellen und der Kommunikationskultur der jeweils anderen Seite.

Dieser Prozeß ist in den Anfängen begriffen. Ob und wie weit er voranschreitet, wird man sehen. Daß sich die kulturelle »Mehrsprachigkeit« auszahlt, zeigt sich daran, daß diejenigen, die aus dem Osten kommen und diese kommunikative Mischkultur beherrschen, mehr und mehr in führende Positionen der Wirtschaft und der Politik gelangen. Umgekehrt empfinden Westler, die jetzt im Osten wohnen und arbeiten und sich auf ihr neues Umfeld bewußt einlassen, bestimmte Formen der östlichen Kommunikationskultur als eine deutliche Bereicherung ihres bisherigen Lebens.

Verschwinden werden die Unterschiede deswegen nicht, zumal sie sich über Erziehung und Gewohnheit immer wieder reproduzieren. Aber es kann leichter werden, mit diesen Differenzen zu leben. Doch um das zu erreichen, ist es wichtig, sich erst einmal genauer zu vergegenwärtigen, worin die gravierenden Unterschiede eigentlich bestehen.

Der erste Blick und die Folgen

Man kann nicht nicht kommunizieren / Schau mir in die Augen / Abstand halten / Kopf hoch / Raum nehmen und Raum lassen / Die Hand geben / Spontane Berührungen / Mut zur Pause

Für jede Begegnung, für jede Kommunikation gilt eine Regel, die Paul Watzlawick folgendermaßen auf den Punkt gebracht hat:

Man kann nicht nicht kommunizieren

Alles, was man bei einer Begegnung tut, einschließlich dessen, was man unterläßt, zählt zum Kosmos der Kommunikation und wird vom Gegenüber als ein bestimmtes Zeichen gedeutet oder eben mißdeutet.

Ob man genau weiß, was in einer bestimmten Situation von einem erwartet bzw. was als »normal« vorausgesetzt wird, ist dabei unerheblich. Das Gegenüber unterscheidet nicht, ob man absichtlich oder unabsichtlich gegen eine »Regel« verstößt. Registriert wird die Abweichung. Und danach wird man eingeordnet.

Wenn Sie jemandem nicht die Hand geben, obwohl das von Ihnen erwartet wird, sind Sie bereits, je nach Situation, als arrogant, unbeholfen oder unfreundlich eingestuft.

Wohin einer sieht und wie lange er irgendwo hinsieht,

wird registriert. Ob man auf zu großem Abstand bleibt oder zu dicht herangeht, alles wird gedeutet. Die Kommunikation beginnt bereits lange bevor das erste Wort gesprochen wurde.

Kommunikationsforscher behaupten, daß sich in den ersten sieben Sekunden alles Wesentliche ereignet und die Entscheidung über Sympathie und Antipathie fällt. Auch, ob es überhaupt zu einem Gespräch kommt oder ob man sich gleich aus dem Weg geht, ist dann schon entschieden.

Was aber passiert genau in den ersten Sekunden?

Es ist ein hochkomplexes Geschehen, und das, was in der Begegnung alles zur gleichen Zeit stattfindet, kann hier nur nacheinander abgehandelt werden.

Es wird wahrgenommen: der Gesichtsausdruck und die Bewegungen, die Kleidung und die Haut, die Körperhaltung und die Frisur, der Geruch und die Ausstrahlung.

All das wird zu einem Muster zusammengefügt. Dieses Muster wird bewußt oder unbewußt mit früheren Erfahrungen, mit den Erwartungen und Standards, die man mit den Jahren herausgebildet hat, verglichen, und es wird eine vorläufige Einordnung vorgenommen.

Das passiert in wenigen Sekunden sowohl bei einem selbst als auch bei dem anderen. Jeder ist also gleichzeitig Sender und Empfänger all dieser komplexen Nachrichten. Doch damit nicht genug. Während dieser Prozeß abläuft, alle diese einzelnen Wahrnehmungen eingeordnet, interpretiert und ergänzt werden – und das auf beiden Seiten zugleich –, geschieht noch mehr: Es wird interagiert.

Lächelt der oder die andere? Lächelt man selbst auch? Gleich oder später? Offen oder verhalten? Blickt man sich in die Augen? Wie lange? Sieht man auf die Kleidung? Auf den Körper? Wie lange? Hält man Abstand? Wie viel?

Der Verlauf dieser Interaktion ergänzt wiederum das Bild, den Eindruck, den man von dem anderen hat und umgekehrt.

Das alles ist schon in einer »normalen Begegnung« innerhalb der eigenen, vertrauten Kommunikationskultur spannend.

Jetzt kommt aber in der Ost-West-Kommunikation dazu, daß es bereits in dieser Anfangsphase unterschiedliche Erwartungshaltungen, Normen und Muster gibt. Und selbst bei ähnlichen Mustern gibt es feine Nuancen.

Wenn Sie an einer gelungenen Kommunikation interessiert sind, ist es also gut, Ihre Aufmerksamkeit bereits auf diese allererste Phase zu richten.

Deswegen sollen hier ein paar grundlegende nonverbale Kommunikationsunterschiede vorgestellt werden, die sich bereits zu Beginn der Begegnung von Ost und West irritierend auswirken.

Die sind »schuld« daran, daß viele Gespräche und Begegnungen gar nicht erst stattfinden, weil man sich schon nach den ersten Blicken, die man gewechselt hat, ausweicht. Diese Unterschiede sind auch für ein diffuses Gefühl von Unwohlsein, von Bedrängnis und Mißbehagen verantwortlich, das oft auftritt, obwohl ein gegenseitiges Interesse auf beiden Seiten vorhanden ist.

Schau mir in die Augen

Wissen Sie genau, wie Sie gucken? Nicht in den Spiegel, sondern in die Augen von anderen Menschen? Es gibt eine enorme Bandbreite von Gefühlen, die man mit seinen Augen ausdrückt und die man in den Augen eines anderen erkennen kann. Sichtbar werden zum Beispiel: Interesse, Sympathie und Zuneigung, aber auch Verletzung, Schmerz und Ablehnung. Entdecken kann man: Machtwillen, Aggressivität und Durchsetzungskraft oder auch Unsicherheit, Angst und Unterwürfigkeit.

Insofern hängt unsere spontane Sympathie oder Antipathie, die wir für jemanden empfinden, stark von den Blicken des anderen ab. An dem, was hier »Blick« genannt wird, sind vor allem die Augen beteiligt. Aber auch die Augenbrauen, die kleinen Falten und Muskeln um die Augen herum und schließlich der gesamte Gesichtsausdruck.

Nun gibt es einen deutlichen Unterschied in der Länge und in der Intensität des Blickkontaktes, die in verschiedenen Kommunikationskulturen als »normal« empfunden werden. Gemeint ist die Länge des Blickkontaktes, mit dem man einander in die Augen sieht, bevor einer von beiden den Blick abwendet. Dieses Intervall ist bei Leuten aus der westlichen Kommunikationskultur deutlich kürzer als bei Leuten aus der östlichen. Und zwar sowohl in formal-geschäftlichen als auch in privaten Situationen.

In meiner Praxis kam es immer wieder vor, daß sich Männer und Frauen aus dem Osten über Westler beklagten: Die Westler würden einem wirklichen Kontakt ausweichen ... sie würden an einem vorbeireden ... als Ostler würden sie sich nicht wirklich angesprochen fühlen ... sie würden sich als störend empfinden, obwohl das mit der verbalen Kommunikation des Westlers nicht zusammenpaßt bzw. von der Gesamtsituation nicht bestätigt wird ... sie spürten ein unbestimmtes Desinteresse.

Männer und Frauen aus dem Westen dagegen beklagten sich über folgendes: Ostler würden aufdringlich gukken ... sie hätten einen prüfenden Blick ... würden versuchen, in einen hineinzugucken und ungebührlich intim werden.

Das Auffällige an diesen wiederkehrenden Beschreibungen war, daß sich diese Irritationen offensichtlich nicht an bestimmten Worten oder Gesten, nicht an Einzelpersonen und auch nicht an bestimmten Standardsituationen festmachen ließen. Es mußte mit den Blicken zu tun haben, genauer gesagt, mit der Intensität des Blickkontaktes.

Es zeigte sich, daß viele Ostler, um einen Eindruck von ihrem Gegenüber zu bekommen, nicht so sehr auf die äußere Erscheinung, die Kleidung und die Frisur achten, sondern, um sich bei einer Kontaktaufnahme zu orientieren, dem anderen intensiv und lange in die Augen sehen.

Diesen direkten Blickkontakt brechen Westler aber relativ schnell ab, weil sie ihn als unangemessen vertraut, intim oder in Abhängigkeit von der Situation als herausfordernd und aggressiv empfinden.

Der für die westliche Kommunikationskultur »normale« Rhythmus von Anschauen und Wegschauen wiederum ist aber für den Ostler oft »zu kurz«, um sich »wirklich« in Kontakt zu fühlen.

Auf beiden Seiten herrscht daher oftmals ein diffuses Gefühl von Unbehagen, das aber sofort nachläßt, wenn man dieses Phänomen kennt und bei seiner Kommunikation bewußt beachtet.

Sich auf seine Spontaneität zu verlassen, hilft an diesem Punkt jedoch nicht weiter. Es verstärkt eher die Irritation. Wenn zum Beispiel der Ostler immer intensiver versucht, den Augenkontakt herzustellen und zu halten, um ein Gefühl von Akzeptanz und Nähe herzustellen, während sein westlicher Gesprächspartner dem Blickkontakt immer schneller ausweicht, um sich nicht bedrängt zu fühlen.

Die Irritationen nehmen zu, das intendierte Ziel wird nicht erreicht. Es gilt, den Blick des anderen gerade nicht innerhalb des eigenen Kontextes vorschnell als Ablehnung oder als Aufdringlichkeit zu bewerten. In einer solchen Situation ist es besser, sich dem Rhythmus von Hinsehen und Wegsehen seines Gegenübers dezent anzunähern.

Das hieße, auf der westlichen Seite den Blickkontakt etwas länger zu halten und auf der östlichen Seite den Blickkontakt öfter, wenn auch nur kurzzeitig, zu unterbrechen. Daß eine solche Veränderung des eigenen »außerbewußten« Verhaltens nicht einfach ist, ist klar. Wenn es gelingt, um so besser.

Abstand halten

Wie nah darf man dem anderen kommen, ohne in ihm das Gefühl auszulösen, bedrängt zu werden?

Wenn Sie sich mit jemandem unterhalten, wollen Sie natürlich nicht unnötig laut sprechen, nur weil der andere so weit von Ihnen weg steht. Sie wollen den anderen aber auch nicht so dicht vor sich haben, daß Sie sich in die Enge getrieben fühlen.

Mal angenommen, Sie sind ein Ostler, und Ihr westliches Gegenüber korrigiert den Abstand zwischen Ihnen hartnäckig, indem er ständig vor Ihnen zurückweicht, dann muß das noch lange nicht heißen, daß Sie ihn langweilen, daß er nichts mit Ihnen zu tun haben will.

Und mal angenommen, Sie sind ein Westler und haben schon zum dritten Mal einen »normalen« Abstand hergestellt, und Ihr östliches Gegenüber kommt Ihnen wieder zu nahe, muß das längst nicht heißen, daß er Sie ganz besonders toll findet.

Natürlich ist das Empfinden für den »normalen« Abstand auch sonst nicht immer und überall gleich. Zwischen zwei Männern ist er anders als zwischen einem Mann und einer Frau. Auch die Körpergröße der beiden Gesprächspartner hat einen Einfluß. Bei einem Rockkonzert ist er anders als in der Oper. Ob man sich in einem Konferenzraum begegnet oder bei Kollegen zu Hause und wie viele Menschen zur selben Zeit in einem Raum anwesend sind, hat ebenfalls einen Einfluß auf den als »normal« empfundenen Abstand.

Aber was immer an zusätzlichen Faktoren eine Rolle spielt: Der Westler steht generell weiter weg und der Ostler dichter dran. Die Differenz beträgt nach meinen Beobachtungen und Befragungen zehn bis dreißig Zentimeter.

Das hört sich im ersten Moment nicht viel an, aber wenn jemand dreißig Zentimeter als normal empfindet und der andere sechzig Zentimeter weit weg ist, fühlt sich der- oder diejenige ganz schön allein. Und wenn jemand fünfzig Zentimeter als gerade richtig empfindet und jemand auf zwanzig Zentimeter herangerückt ist, entstehen Gefühle der Beklemmung geradezu zwangsläufig. Wenn dann hinter einem schon die Wand ist, wird es höchste Zeit, sich zu entschuldigen und einfach mal ein Mineralwasser zu holen.

Auch hier schaukelt sich die Situation eher hoch, wenn Sie Ihren spontanen Regungen folgen. Wenn man bemerkt, der andere rückt tendenziell zu nahe, weicht man besonders weit zurück, denn wenn der andere wieder nachrückt, stimmt der Abstand immer noch. Hofft man.

Beim anderen passiert genau das gleiche: Weil Sie ja tendenziell zurückweichen, kommt der andere besonders dicht heran, denn wenn Sie dann wieder zurückweichen, stimmt der Abstand immer noch. Hofft der andere.

Ziehen Sie also als Ostler in Gedanken ein paar Zentimeter ab, und als Westler zählen Sie in Gedanken ein paar Zentimeter dazu. Bedenken Sie dabei: Was der oder die andere da gerade tut, zu dicht herankommen oder zu weit weggehen, ist nicht unbedingt persönlich gemeint, bedeutet weder Abneigung noch besondere Zuneigung.

Im Zweifelsfalle kann man auf die kleinen Korrekturen des Gegenübers achten. Wenn der immer zurückweicht, dann weichen Sie einfach auch zurück und geben so dem anderen die Möglichkeit, den Abstand zu bestimmen. Oder wenn der andere immer nachrückt, gehen Sie selber etwas näher heran, bis der von sich aus zurückweicht.

Und betrachten Sie das Ganze nicht als einen Kampf, sondern mehr als einen Tanz.

Kopf hoch

Häufig stuften Ostler ihren westlichen Gesprächspartner bereits auf den ersten Blick als »arrogant und überheblich« ein.

Im Gegenzug wurden Ostler als »unterwürfig und schüchtern« angesehen. Wenn es trotzdem zu einer Begegnung und einem Gespräch kam, bestätigte sich dieser erste Eindruck überhaupt nicht. Der Westler entpuppte sich als freundlich und umgänglich, der Ostler als kompetent und selbstbewußt.

Wie sich dann bei genauerer Beobachtung herausstellte, hatte dieser Eindruck maßgeblich mit der Kopfhaltung des anderen zu tun.

Unabhängig von individuellen Besonderheiten und der speziellen Tagesform unterscheiden sich bei gleicher Position in der Begegnung von Ost- und Westmann und West- und Ostfrau zwei Details: zum einen, wie hoch der Kopf gehalten wurde bzw. wie weit das Kinn nach vorn gestreckt war und zum anderen, ob der Kopf ganz gerade gehalten wurde oder leicht nach links oder nach rechts geneigt war.

Die mißverständlichen Deutungen waren folgende: Wurde der Kopf von einem Westler gerade und relativ hoch gehalten, bzw. das Kinn weit nach vorn, so sollte das – bewußt oder unbewußt – folgendes ausdrücken: Selbstbewußtsein, Klarheit, Zuversicht, Präsenz zeigen und den Überblick behalten ...

Auf der anderen Seite wurde das interpretiert als: überheblich, unsensibel und arrogant.

Wurde von Ostlern der Kopf leicht zur Seite und nach vorn geneigt sowie das Kinn zurückgenommen, sollte das signalisieren: Interesse, Bereitschaft zum Zuhören, Aufmerksamkeit, den Willen, sich auf gleicher Höhe zu begegnen, sich nicht herauszuheben.

Interpretiert wurde es jedoch oft als: schwach, passiv und unterwürfig.

Auch hier lassen sich Mißverständnisse auflösen oder

vermeiden, indem man der eigenen Körperhaltung sowie der Gesamtsituation entsprechende Aufmerksamkeit schenkt. Dazu muß man natürlich sowohl seinen eigenen Kontext als auch den des anderen kennen.

Raum nehmen und Raum lassen

Eine andere Gelegenheit, in Ost und West sehr mißverständlich wahrgenommen zu werden, sind die Bewegungen eines Menschen im öffentlichen Raum. Entscheidend ist dabei zunächst die **Geschwindigkeit**, mit der sich eine Person bewegt und gestikuliert.

Was für den einen noch dynamisch und aktiv ist, Ausdruck des Gespürs dafür, daß Zeit schließlich Geld ist, wirkt auf den anderen bereits hektisch und fahrig. Und wenn einer bedachtsam und ruhig vorgeht, weil er nicht das Wesentliche übersehen will, wirkt er auf den anderen vielleicht schon wie ein wandelndes Beruhigungsmittel.

Auch hier gibt es, neben individuellen, temperamentbedingten und regionalen Eigenheiten in Ost und West, deutliche Unterschiede in der Wahrnehmung von Geschwindigkeit.

Man kann einfach eine Skalenverschiebung wahrnehmen: Langsam und mittelschnell im Westen ist bereits schnell und hektisch im Osten. Noch deutlicher werden die Unterschiede, wenn man das Nord-Süd-Gefalle berücksichtigt und zum Beispiel Norddeutsche aus Ost und West vergleicht.

Auch wie **raumgreifend oder zentriert** die Bewegungen im Raum sind, ist signifikant unterschiedlich.

»Um Raum und Aufmerksamkeit muß konkurriert werden«, lautet eine in Fleisch und Blut übergegangene Erfahrung der westlichen Kommunikationskultur. Also versucht man dort spontan und selbstverständlich einen Raum zu »besetzen«. Das kann man mit Hilfe der Lautstärke seiner Stimme tun, mit großen Gesten oder raumgreifenden Bewegungen. Solange der andere genauso vorgeht und den Raum seinerseits »besetzt«, bleibt die Balance auch gewahrt.

Die Kommunikationskultur des Ostens funktioniert anders: »Ich lasse dir Raum, und dafür läßt du mir Raum«. Solange zwei Leute auf Grundlage dieses eher »indirekten« Prinzips den Raum austarieren, gibt es auch kein Problem.

Was jedoch passiert, wenn ein Mensch, der eher an dem raumgreifenden System orientiert ist, auf jemanden trifft, der es gewöhnt ist, dem anderen den Raum zu lassen und selbst Raum eingeräumt zu bekommen, kann man sich leicht vorstellen.

Das müssen Sie wissen, damit Sie nicht ganz spontan – Ihrem eigenen Kontext folgend – unbeachtet in der Ecke herumstehen oder aber lautstark redend und stark gestikulierend Ihre potentiellen Gesprächspartner in die Flucht schlagen.

Die Hand geben

Ob die Hand überhaupt gegeben wird, in welchen Fällen sie gegeben wird, wer wem die Hand gibt und nicht zuletzt, in welcher Reihenfolge die Hand bei der Begrüßung gegeben wird, auch darin sind sich Ost und West keineswegs einig.

Wenn Sie bei der Begrüßung jemandem die Hand geben,

ist das auf der östlichen Seite eine ganz normale Form der Kontaktaufnahme. Auf der westlichen Seite wird das jedoch vielleicht als eine aufdringliche, beinahe intime und tendenziell unhygienische Angelegenheit empfunden. Dem anderen von sich aus nicht die Hand zu geben, kann wiederum als Zurückhaltung oder als arrogante Überheblichkeit wahrgenommen und empfunden werden. Auch bei dieser Art, Kontakt aufzunehmen, Höflichkeit, Respekt und Achtung auszudrücken, gibt es ganz unterschiedliche Kontexte.

Im Westen gibt man sich die Hand vor allem bei förmlichen Anlässen, während die gleiche Geste im Osten ein ganz alltägliches Begrüßungsritual ist, ob unter Kollegen am Morgen oder unter Freunden am Abend.

Beim Aufeinandertreffen der beiden Kulturen ist die Entscheidung schwierig, nach welchem Prinzip vorgegangen wird. Es haben sich jedoch nach meinen Beobachtungen zwei durchgesetzt: das Territorialprinzip und das Mehrheitsprinzip.

Das Mehrheitsprinzip besagt: In einer gemischten Gruppe, in der die Ostler überwiegen, wird die Hand gegeben; sind Westler in der Mehrheit, wird die Hand nicht gegeben oder sie wird nur unter den Ostlern gegeben. Das Territorialprinzip besagt: Im Osten und im Osten Berlins wird die Hand bei der Begrüßung und der Verabschiedung gegeben, im Westen und im Westen Berlins nicht. Die größte Verwirrung und die meisten Irritationen gibt es da, wo sich in gemischten Gruppen das Mehrheitsprinzip und das Territorialprinzip überkreuzen. Also auf Tagungen und bei Zusammenkünften, die im Osten stattfinden und bei denen die Westler überwiegen oder umgekehrt.

Da es der Ostler im Westen leichter hat – er behält einfach

die Hand in der Tasche –, hier ein paar Tips für den Westler, der jetzt hauptsächlich im Osten lebt und arbeitet:

Der Impuls zum Handgeben kommt von demjenigen, der zu einer Gruppe dazukommt. In kleinen Gruppen von zwei bis vier Leuten gilt: Erst den Älteren die Hand geben, dann den Jüngeren, erst den Frauen, dann den Männern, erst den Vorgesetzten, dann den Mitarbeitern. In größeren Gruppen, wo ältere und jüngere, Frauen und Männer, Vorgesetzte und Mitarbeiter mit Handschlag begrüßt werden, kann man sich wegen der Schwierigkeit, die »richtige« Reihenfolge einzuhalten, relativ einfach behelfen, indem man mit einem Einleitungssatz wie: »Ich gehe der Reihe nach« oder »ich beginne mal hier« einfach mit dem anfängt, der einem am nächsten steht oder sitzt und dann der Reihenfolge nach vorgeht.

Diese Geste kann in ihrer emotionalen Wirkung und in ihrer Signalfunktion kaum überschätzt werden. Das, was Sie sich als Westler im Osten einhandeln, wenn Sie diese Geste ignorieren, können Sie mit keinem anderen Zeichen der Verbindlichkeit und der Aufmerksamkeit wieder ausgleichen. Und wenn Sie als Ostler im Westen schon ein paarmal mit ausgestreckter Hand herumgestanden und nur überraschte Blicke geerntet haben, regen Sie sich darüber hoffentlich nicht mehr auf.

Spontane Berührungen

Ein interessantes Beobachtungsfeld bieten auch spontane Berührungen im öffentlichen Raum, bei der alltäglichen Kommunikation, in Cafés, auf der Straße, aber auch im Job.

Dort speziell bei Projektarbeiten, in Dienstbesprechungen, bei Geschäftsessen, in Verhandlungssituationen und bei Firmenfeiern. Also entweder bei Leuten, die sich noch nicht lange kennen, oder bei Kollegen, die zusammen arbeiten, die aber privat und persönlich nichts oder nur wenig miteinander zu tun haben.

Auch hier gab es in der Ost-West-Kommunikation eine Reihe von gegenseitigen Zuschreibungen und Irritationen, die dem eigentlichen Arbeitsklima oder der Gruppensituation, zum Beispiel im Job, nicht entsprachen. Sie korrespondierten auch nicht mit dem Grad der Bekanntschaft oder der Intensität der Zusammenarbeit von einzelnen Beteiligten.

Leute aus dem Osten wurden dabei häufig als irritierend und aufdringlich dargestellt. Umgekehrt wurden die Westler als distanziert und zurückweisend beschrieben.

Wie wir schon weiter oben gesehen haben, differieren bereits die Vorstellungen von »normaler« Nähe und Distanz in der östlichen und westlichen Kommunikationskultur. Wenn schon der »normale« Abstand zwischen den Personen höchst unterschiedlich empfunden wird, gilt das natürlich erst recht für alle möglichen Formen der spontanen Berührung im Gespräch.

Eine kurze, spontane Berührung während eines Gespräches an der (bekleideten) Schulter, am Arm oder auch an der Hand wird innerhalb der östlichen Kommunikationskultur überwiegend beschrieben als: normal, selbstverständlich, vertraut, als Zeichen von Übereinstimmung, als freundliche Geste, als Zuwendung oder Ausdruck spontaner Freude (sowohl zwischen Männern und zwischen Frauen als auch zwischen Männern und Frauen). Einschränkungen wurden nur an einer Stelle gemacht: von Frauen gegenüber Männern in bezug auf Situationen, wenn sich die beiden noch nicht länger kannten und sich allein in einem Raum befanden. Aber es gab kaum Einschränkungen, wenn eine solche spontane Berührung im öffentlichen Raum stattfand.

Innerhalb der westlichen Kommunikationskultur wurden solche kurzen spontanen Berührungen überwiegend beschrieben als: irritierend und ungewöhnlich, unpassend, unangenehm oder als ein Übergriff.

Besonders deutlich ist das Phänomen hier wieder, wenn man Norddeutsche aus Ost und West und Süddeutsche aus Ost und West miteinander vergleicht. Und natürlich muß man auch jeweils Leute aus gleichen sozialen Schichten in ihrer Kommunikation beobachten.

Wenn also jemand aus dem Westen bei einer Berührung spontan oder demonstrativ seinen Arm zurückzieht, muß das nicht unbedingt persönliche Ablehnung bedeuten. Umgekehrt, wenn mich jemand in seinem Überschwang leicht berührt, muß das nicht automatisch ein Übergriff sein.

Mut zur Pause

Auch die Rhythmen in der Gesprächsführung sind im Osten anders als im Westen.

Kennen Sie folgende Szene? Da steht ein Westler und redet. Ihm gegenüber steht ein Ostler, der zwar interessiert wirkt, sowohl an dem Gespräch als auch an dem Gegenüber, der öfter zustimmend mit dem Kopf nickt, aber fast nichts sagt.

Irgendwann ist das »Gespräch« zu Ende. Der Westler geht seiner Wege und findet sein Vorurteil bestätigt, nach dem der Ostler an sich und auch dieser Ostler konkret nicht aus sich herausgehen kann, daher schweigt oder sich aus unverständlichen Gründen zurückhält. Jedenfalls bringt er sich nicht offen ein und geht nicht wirklich auf seine zahlreichen Gesprächsangebote ein.

Auch der Ostler geht seiner Wege und findet sein Vorurteil bestätigt: Der Westler an sich und auch dieser Westler konkret redet die ganze Zeit, zeigt kein wirkliches Interesse, läßt kein Gespräch zustande kommen und ist nur an seiner eigenen Selbstdarstellung interessiert.

Diese Beobachtung, die sich schon beinahe zu einem Stereotyp verfestigt hat, macht neugierig. Wieso tritt dieses Phänomen bei so vielen Begegnungen auf? Warum auch bei Leuten mit gleicher Ausbildung und gleichem Status?

Diesem Problem auf die Spur zu kommen war gerade deswegen schwierig, weil es so häufig vorkam. Zunächst schien es mit der Sprechgeschwindigkeit zu tun zu haben. Andererseits trat das Problem auch auf, wenn Leute aus dem Osten und dem Westen aufeinandertrafen, deren Sprechgeschwindigkeit annähernd gleich war. Das Phänomen war sogar zu beobachten bei einem leicht umgedrehten Verhältnis: Der unter Ostlern relativ schnell sprechende Ostler trifft auf den unter Westlern verhältnismäßig langsam sprechenden Westler. Das gleiche Problem.

Ausschlaggebend war also nicht die absolute Sprechgeschwindigkeit. Irgendwann wurde klar, daß es mit der Rhythmisierung der Sprache, mit den Pausen zusammenhängen mußte. Allerdings müssen hierbei zwei Arten von Pausen unterschieden werden.

Da gibt es zum einen die »akzentuierten Pausen«. Ein Beispiel: Jemand sagt in einem Gespräch zu einem anderen: »Na, raten Sie mal, was ich da gesagt habe.« – Pause. – »Ich habe einfach gesagt, daß …«

Solche Pausen sind bei Sprechern in Ost und West quasi identisch. Für die Kommunikation zwischen Ostlern und Westlern entscheidend hingegen waren die Differenzen bei den »Übergangspausen«.

Das sind Sprechpausen, die man einlegt, wenn ein Gedanke oder ein Thema abgeschlossen ist und man direkt oder indirekt erwartet, daß der andere »einsteigt«.

Diese Sprechpausen sind in der westlichen Kommunikationskultur deutlich kürzer als in der östlichen.

Setzen wir voraus, beide Gesprächspartner wollen miteinander reden. Beide sind an dem Thema interessiert, beide wollen in Kontakt miteinander sein, beide wollen höflich und respektvoll miteinander umgehen.

Was in der Regel geschieht, ist folgendes: Der Westler redet ganz »normal« und mit den besten Absichten. Er achtet darauf, den Gesprächsfaden nicht abreißen zu lassen, das Gespräch nicht zu »unterbrechen«. Natürlich will er nicht die ganze Zeit allein reden, natürlich erwartet er, daß der andere irgendwann in das Gespräch einsteigt. Das macht der Gesprächspartner mit dem östlichen Kommunikationskontext aber nicht.

Der Ostler ist ebenfalls an dem Gespräch interessiert. Auch er will sich einbringen, aber er möchte den Gesprächsfaden des anderen nicht »zerreißen«. Er will ihm nicht ins Wort fallen, was aus seiner Sicht eine grobe Unhöflichkeit wäre und den Gesprächsfluß unterbrechen würde. Worauf er wartet, ist eine »angemessene« Gesprächspause seines

Gegenübers. Die würde ihm Raum geben, mit seinem Beitrag zu beginnen. Aber da kann er lange warten.

Was er nicht bemerkt, ist folgendes: Der Westler läßt Pausen. Nur sind diese Pausen so kurz, daß sie für den Ostler fast immer unter seiner Wahrnehmungsschwelle bleiben. Für sein Empfinden redet der Westler ohne Unterbrechung.

Da auch der Westler das eigentliche Problem nicht kennt, wird ihn das bereits länger andauernde Schweigen seines Gegenübers eher verunsichern, er wird seine Sprechgeschwindigkeit erhöhen und bedauerlicherweise noch kürzere Pausen lassen.

Also: Beide wollen das beste. Beide sind hoch motiviert. Beide arbeiten mit großer Geduld daran, das Gespräch nicht zu unterbrechen, und beide sind zuletzt ziemlich frustriert. Und das wegen eines winzigen Unterschiedes in den Kontexten.

Auch hier gilt: Einmal erkannt, kann man dieser Eigendynamik von beiden Seiten begegnen.

Als Westler: Gönnen Sie sich einfach eine Pause von, sagen wir mal, ein bis zwei Sekunden. Es passiert ja nichts Schlimmes, wenn einmal nichts gesagt wird. Diese ein bis zwei Sekunden reichen, um Ihrem Gegenüber aus dem Osten zu signalisieren, daß Sie an seiner Meinung interessiert sind, daß Sie bereit sind zuzuhören und wirklich ein Gespräch möchten.

Als Ostler: Springen Sie über Ihren Schatten. Vergessen Sie für einen Moment das, was Sie für Höflichkeit halten, und reden Sie an einer Stelle, die Sie interessiert, einfach los. Auch wenn da scheinbar keine Pause ist. Selbst wenn Sie das am Anfang als grobe Unhöflichkeit empfinden. Sie werden schnell merken, daß Ihr westliches Gegenüber eher erleichtert ist. Denn selbst einmal unterbrochen zu werden, ist angenehmer, als ein Gespräch zu suchen und dann die ganze Zeit allein zu reden.

Soweit zu einigen gravierenden Unterschieden in den nonverbalen Kommunikationsformen am Anfang eines Gesprächs.

Sie sind jetzt vorgewarnt. Sie wissen, daß Sie nicht »nicht kommunizieren« können. Sie wissen, daß Ihre Blicke, Ihre Kopfhaltung, Ihre Schritte und Bewegungen für die anderen beredt sind. Als Ostler schauen Sie Ihrem westlichen Gegenüber nicht zu lange in die Augen. Er fühlt sich nicht bedroht, weicht nicht aus und sucht nicht diskret das Weite.

Als Westler brechen Sie den Blickkontakt zu dem östlichen Gegenüber nicht jeweils nach ein paar Zehntelsekunden ab und signalisieren ihm damit ungewollt, daß Sie nichts mit ihm zu tun haben wollen und sich nur notgedrungen in seiner Nähe aufhalten.

Als Ostler und Westler können Sie von jetzt ab mit dem richtigen Abstand spielen. Sie können die unsichtbare Linie des »angemessenen Abstandes« so umspielen, daß Sie Ihrem Gegenüber nicht so nahe rücken, daß der sich körperlich bedroht fühlt, noch bleiben Sie bei einem persönlichen Gespräch auf Abstand, als ob Sie eine Rede an ein anonymes Publikum richten wollen.

Sie betreten nicht mehr, mit den Augen die eigenen Fußspitzen beobachtend, den Raum, als seien Sie deprimiert. Sie halten beim Gespräch den Kopf aber auch nicht so hoch, als ob Sie am anderen Ende des Raumes jemanden suchen.

Entsprechend der Situation geben Sie von jetzt ab mal die Hand und mal nicht. Aber wenn Sie es tun, dann in der richtigen Reihenfolge und mit Blick in die Augen Ihres Gegenübers.

Mit spontanen Berührungen im öffentlichen Raum können Sie gelassen umgehen beziehungsweise sind Sie selber nicht so freigebig, weil Sie wissen, daß solche Gesten manchmal eher irritieren.

Und dann können Sie auch mit dem Problem der kleinen Pausen und der großen Folgen spielerisch umgehen. Man wird Sie von jetzt ab weder als dominanten Dauerredner wahrnehmen noch als gehemmten Sprachmuffel einordnen.

Da Sie wissen, was beim anderen bereits in den ersten Sekunden einer Begegnung anders ist, können Sie sich jetzt auf diesen Kontext einstellen. Sie können mit den nonverbalen Unterschieden in der Ost-West-Kommunikation spielen, anstatt von ihnen gebeutelt zu werden. Und obendrein können Sie Ihre Wahrnehmung und Selbstwahrnehmung verfeinern.

Die ersten Worte ... –
manchmal gleich die letzten

Strategien der Gesprächseröffnung / Beziehung contra Status – und umgekehrt / Ich bin wer! – Wer bin ich? / Fragen stellen – in Frage stellen? / Innere Sprachräume / Das Gesagte oder das Gemeinte zählt / Das Trennende oder das Gemeinsame betonen

Aber nicht nur in der nonverbalen Kommunikation gibt es Fallen, die bestens geeignet sind, aus einem ersten Gespräch zwischen Ost und West das letzte werden zu lassen. Auch die Sprache ist voller Tücken. Dabei geht es nicht so sehr darum, was im einzelnen gesagt wird, sondern eher, wann, in welcher Reihenfolge und wie man das sagt, was man sagt.

Entscheidend ist auch hier, ob das, was man seinem Gegenüber mitteilen will, wirklich bei ihm ankommt. Und ob das, was man von seinem Gegenüber hört, wirklich von ihm – oder ihr – so gemeint war. Das gilt für jede Kommunikation, ist aber besonders heikel, wenn sich Leute aus zwei unterschiedlichen Kommunikationskulturen begegnen.

Strategien der Gesprächseröffnung

Hartnäckig halten sich die beiden Vorurteile, daß Ostler jammern und Westler prahlen. Da es wahrscheinlich auf beiden Seiten ähnlich viele Menschen gibt, die sich selbst und die Dinge des Lebens eher positiv oder eher negativ sehen, ist zu vermuten, daß es sich auch hier um ein verdecktes Kommunikationsproblem handelt.

Dazu müssen wir uns kurz den Unterschied von direkter und indirekter Kommunikation vergegenwärtigen. In vielen Situationen dient die indirekte Form der Kommunikation dazu, sich einem Gegenüber anzunähern und sich selbst vorzustellen.

Ein Beispiel:

Nehmen wir einmal an, Sie stehen an einer Bushaltestelle, sind in diesem Fall ein Mann und überlegen, ob Sie eine Frau ansprechen, die auch dort steht. Dann werden Sie sicher nicht sagen: »Ich würde gerne erst einmal unverbindlich testen, wer Sie eigentlich sind, um dann zu entscheiden, ob ich mit Ihnen reden möchte oder nicht ...«

Wahrscheinlicher ist, daß Sie das Gespräch indirekt beginnen. Sie machen eine Bemerkung über das Wetter, allgemeine Umstände, eine interessante Beobachtung oder was immer sich als Gesprächsstoff in dieser Situation anbietet. Und nebenbei registrieren Sie:

Reagiert sie überhaupt auf mich? Genervt oder erfreut? Wortkarg oder überschwenglich? Und dann sprechen Sie weiter, oder Sie lassen es sein.

Die Frau wiederum registriert an Ihrer Art zu sprechen: Ist er interessant? Uninteressant? Höflich oder aufdringlich? Verklemmt oder offen?

Der Vorteil dieser indirekten Art liegt darin, daß sich beide gegenseitig wahrnehmen können, ohne gleich persönlich zu werden. Wenn Sie aber aus dem Westen kommen und die Frau aus dem Osten, dann ist Vorsicht geboten.

Auch dieses spontane Gespräch verläuft nicht beliebig.

Es gibt da zwei unterschiedliche Rituale, nach denen diese indirekte Kommunikation in den beiden Kommunikationskulturen geführt wird.

Beobachten wir zuerst die »normale« Gesprächseröffnung innerhalb der westlichen Kommunikationskultur. Zu deren Kontext gehört es, an Individualität und Erfolg orientiert zu sein. Dabei ist es egal, ob man selbst erfolgreich ist oder nicht. Es geht um einen bestimmten Habitus, der sich im Ritual der Gesprächseröffnung niedergeschlagen hat. Dieses kommunikative Ritual könnte man mit einem Satz etwa so ausdrücken: **Beginne jedes Gespräch mit etwas Positivem.**

Ein Gespräch wird also damit eröffnet, daß zuerst positive Wahrnehmungen oder Erfahrungen ausgetauscht werden. Wie lange man dabei bleibt, ob das ein paar Sekunden oder einige Minuten dauert, hängt von der Situation und dem Charakter der Beteiligten ab. Das heißt aber nicht, daß es den Gesprächspartnern unbedingt gut geht. Es ist einfach die gängige Form, sich aufeinander einzustellen.

Ist diese Ebene etabliert, wird das Gespräch nach und nach direkter. Die Gesprächspartner gehen dazu über, das eigentliche Thema anzusprechen und dabei natürlich auch weniger gelungene und negative Dinge zu besprechen. Das ist, als ob man beim Malen eines Bildes mit den hellen Tönen anfängt. Erst später werden die dunkleren Töne ergänzt. Und zwar völlig unabhängig davon, wie das Gesamtergebnis am Ende aussieht.

Der Zweck dieser Eröffnung besteht natürlich nicht darin, alles schönzumalen, obwohl das jemandem aus einer anderen Gesprächskultur so erscheinen könnte. Es ist einfach eine spezielle Form, den anderen etwas kennenzulernen. So achten die Gesprächspartner von Anfang an unbewußt darauf, was positiv dargestellt wird, in welcher Reihenfolge und mit welcher Betonung. Daraus werden Rückschlüsse gezogen, wie der andere wahrnimmt, denkt und fühlt.

Beobachten wir jetzt die »normale« Gesprächseröffnung innerhalb der östlichen Kommunikationskultur. Zum Kontext des Ostens gehört es, an Gemeinschaft und Konsens orientiert zu sein. Dabei ist es ebenfalls egal, ob die Gesprächspartner das wirklich sind. Auch hier geht es um ein kommunikatives Ritual. Man könnte es mit dem Satz zusammenfassen: **Hebe dich nicht hervor!**

Einhalten kann man das am besten, indem man diese indirekte Kommunikation mit etwas Negativem beginnt. So werden in der Gesprächseröffnung unter Ostlern zuerst »negative« Wahrnehmungen ausgetauscht. Es hängt auch hier wieder von den Individuen und der Situation ab, wie lange das dauert. Das heißt aber überhaupt nicht, daß es den Gesprächspartnern unbedingt schlecht geht – wie es jemandem erscheinen könnte, der diese Kommunikationskultur nicht kennt. Man stellt sich einfach in dieser Form aufeinander ein. Nachdem das Ritual abgeschlossen ist, wird das Gespräch persönlicher, und man kommt auch auf die positiven Dinge zu sprechen.

Wieder ist es so, als ob man ein Gemälde malt. Nur fängt man diesmal mit den dunklen Tönen an. Später werden die hellen Töne ergänzt.

Aber jetzt stehen Sie ja an der Bushaltestelle, und die Frau steigt wirklich ganz »spontan« auf Ihr Gesprächsangebot ein. Sie beginnt – entsprechend ihrer Kommunikationskultur –

zu klagen: über den zu spät kommenden Bus, ein kleines Mißgeschick oder was auch immer.

Jetzt ist interessant, wie es weitergeht – wenn es weitergeht.

Denn vorausgesetzt, der Bus ist noch nicht gekommen, und die Frau ist an einem Gespräch mit Ihnen interessiert, dann werden Sie jetzt wahrscheinlich beide versuchen, auf die gleiche Ebene in der Gesprächseröffnung zu kommen. Die Frage ist nur: Auf welche?

Spontan verstärkt nämlich jeder seine »normale« Strategie und versucht intuitiv, den anderen auf die eigene Gesprächsebene zu bringen.

Das heißt, Sie steigern Ihre »positiv« unterlegten Kommunikationsangebote – in der Hoffnung, sie werde früher oder später einlenken. Dann könnte nämlich Ihre »Eröffnung«, in der Sie sich wohl und heimisch fühlen, ganz normal ablaufen.

Die Frau wird umgekehrt genau dasselbe tun. Sie steigert ihre »negativ« unterlegten Kommunikationsangebote und hofft unbewußt, Sie werden einlenken.

Je intensiver und hartnäckiger Sie nun beide versuchen, »auf einen Nenner« zu kommen, um so größer wird allerdings die gegenseitige Verunsicherung, das Unbehagen und, je nach Temperament, auch die Ungeduld oder die Resignation.

Falls das Gespräch damals anders ausgegangen ist und Sie heute mit der Frau verheiratet sind, haben Sie wahrscheinlich spontan etwas anderes getan.

Sie haben sich nach den ersten Worten von ihr intuitiv auf ihren Kontext eingelassen. Sie haben vielleicht rein zufällig auch über den zu spät kommenden Bus oder einen versäumten Termin geklagt und so das Dilemma der verpatzten Gesprächseröffnung elegant umschifft.

Das heißt, wann immer die beiden Sprachkulturen aufeinandertreffen, entsteht zuerst der Eindruck, als ob bei dem Westler alles gut aussieht und der Ostler nur klagt. Vordergründig bestätigt das die gegenseitigen Vorurteile vom »Besserwessi« und vom »Jammerossi«.

Eigentlich passiert etwas anderes: Beide bleiben aufgrund ihres weitgehend außerbewußten Kontextes schon am Anfang ihrer Gesprächseröffnung »stecken«. Die normalen, bewährten und jahrzehntelang immer wieder bestätigten Rituale, um das Denken, die Werte und den Status seines Gegenübers zumindest vorläufig festzustellen, kommen auf beiden Seiten nicht zur Entfaltung.

Wenn ich einfach den Rat gebe, mit diesen Formen der Gesprächseröffnung doch spielerischer umzugehen, werden vor allem zwei Befürchtungen geäußert: Leute aus dem Westen meinen, sie könnten in den Augen ihres Gegenübers als »Verlierer« oder »Versager« dastehen, wenn sie sich auf dieses »Jammern« einließen. Leute aus dem Osten haben dagegen eher Angst, sie könnten als arrogant und überheblich wahrgenommen werden, falls sie anfangen würden, so zu »prahlen«.

Was dieses Problem im Alltag für Folgen haben kann, zeigt sich, wenn ein Verkäufer aus dem Westen im Osten arbeitet. Gelingt es ihm nicht, ein bißchen »mitzujammern« und sich am Anfang des Gespräches auf den Stil seines Kunden einzulassen, wird er keinen Kontakt herstellen und sein Produkt nicht verkaufen.

Umgekehrt hat ein Mann aus dem Osten, der sich im Westen um eine neue Stelle bewirbt und statt mit Erfolgen und Kompetenzen aufzuwarten zuerst von einem kleinen Mißgeschick berichtet, um eine Ebene der Vertrautheit herzustellen, seine Chancen damit oft schon verspielt.

Beziehung contra Status – und umgekehrt

Falls Sie schon öfter mit der anderen Seite zu tun hatten, ist Ihnen folgende Situation vielleicht nicht unbekannt. Nehmen wir an, Sie sind aus dem Osten und zu einer Ausstellungs- oder Praxiseröffnung eingeladen, bei der außer Ihnen nur Leute aus dem Westen sind. Oder umgekehrt: Sie sind aus dem Westen und kommen zu einer solchen Feier, wo nur Leute aus dem Osten sind. Dann kann es passieren, daß Sie den ganzen Abend kein einziges tiefgründiges Gespräch haben und keinen einzigen Kontakt knüpfen. Aber warum?

Wenn man auf eine Gruppe von relativ unbekannten Leuten trifft, will man auswählen, mit wem man sich näher einläßt. Dabei spielt zunächst die Körpersprache eine wichtige Rolle, wie wir im vorigen Kapitel gesehen haben.

Angenommen, Sie haben diese Klippe umschifft, dann wollen Sie als nächstes herausbekommen, mit wem Sie es eigentlich zu tun haben. In dieser Situation sind zwei Dinge wichtig. Einmal eine irgendwie geartete persönliche Beziehung zu Ihrem Gegenüber herzustellen und dann auch den Status miteinander auszutarieren.

Das findet im Osten und im Westen statt. Doch die Rang- und Reihenfolge sind genau umgekehrt.

Auf der westlichen Seite lautet der Kontext: **Das Wichtigste ist der Status.** Dahinter steht die Überzeugung: Es ist wichtig, sich rechtzeitig gut zu positionieren. Ein schlechtes »standing«, das weiß man, läßt sich später nur schwer korrigieren, und davon hängt unter Umständen vieles ab.

Auf der östlichen Seite lautet der Kontext: **Das Wichtigste ist die persönliche Beziehung.** Wenn die »Chemie« stimmt, kann man später auch den Status problemlos austarieren. Es gibt also jeweils andere Prioritäten, und die schlagen sich in der individuellen Kommunikation nieder.

Wenn jemand aus der östlichen Kommunikationskultur einen Westler kennenlernen oder mit ihm zusammen ein Projekt starten möchte, wird ihn zuerst interessieren: Was ist der andere für ein Mensch? Kann ich ihm vertrauen? Sind wir auf der gleichen Wellenlänge? Wie wird sich der andere verhalten, wenn es Probleme gibt? Wenn das geklärt ist, wird er bereit sein, ins Detail zu gehen und dann irgendwann anfangen, den Status auszuloten.

Umgekehrt wird jemanden aus der westlichen Kommunikationskultur zuerst stärker interessieren, welchen Status der andere hat.

Wer hat mehr Erfahrung? Mehr Bildung? Mehr Einfluß? Gibt es überhaupt gemeinsame Interessen und Anknüpfungspunkte? Wenn das paßt, dann wird er beginnen, auch auf eine persönliche Ebene einzugehen.

Beide Reihenfolgen haben einen Vorteil und einen Nachteil.

Nachteil der östlichen Variante ist, daß sie anfangs langsamer ist. Eine persönliche Beziehung herzustellen braucht mehr Zeit. Ob überhaupt eine Zusammenarbeit zustande kommt, ist nicht klar. Der Vorteil der östlichen Variante besteht jedoch darin, daß sich auf der Basis persönlichen Vertrauens später aufkommende Probleme und Streitfragen leichter und unkomplizierter lösen lassen. Letztlich spart man dadurch unter dem Strich viel Zeit ein und oftmals auch Anwaltskosten.

Der Vorteil der westlichen Variante ist, daß sie schneller und zielorientierter ist. Wenn der eigene Status und der des anderen geklärt ist, kann man rasch entscheiden, ob es sich überhaupt lohnt, in näheren Kontakt zu treten. Wenn Status und Projekt stimmen, kann man später immer noch eine persönliche Beziehung entwickeln – als Zugabe sozusagen. Einen Nachteil hat das westliche Vorgehen jedoch auch: Wenn es später Schwierigkeiten gibt, weiß man nicht genau, mit wem man es eigentlich zu tun hat. Streitfragen sind schwerer und komplizierter zu lösen, weil man den anderen nicht wirklich kennt und nicht weiß, ob man ihm vertrauen kann. Und letztlich verliert man vielleicht viel mehr Zeit, wenn man mit dem anderen nicht hinkommt und sich dann schlimmstenfalls vor Gericht wieder trifft.

So kann es geschehen, daß Sie auf einem Empfang als einziger Ostler auf Leute treffen, die Ihnen viele Statussymbole aufzählen und nur über Titel, gelungene Abschlüsse und potente Geschäftspartner reden. Und wenn Sie dann anfangen, von Kindern, vom Segeln oder Ihrem Lieblingsessen zu erzählen, werden Sie bald stehen gelassen.

Und umgekehrt könnten Sie als Westler – unter lauter Ostlern – glauben, Sie seien nicht bei einer Geschäftseröffnung, sondern bei einer Familienfeier gelandet, weil alle Leute anscheinend nur über persönliche Dinge sprechen.

Und jeder Versuch, sich als ernstzunehmenden und potenten Geschäftspartner zu positionieren, geht einfach ins Leere.

Auf gemischten Veranstaltungen stehen dann oft die Ostler mit den Ostlern und die Westler mit den Westlern zusammen. Denn die erspüren sich gegenseitig, finden intuitiv die richtige Ebene und lernen sich auf ihre jeweilige Art ganz problemlos kennen.

Nur wer sich in beiden Kommunikationskulturen auskennt und sich intuitiv umstellen kann, also quasi »zweisprachig« ist, geht leicht zwischen den Gruppen hin und her und kann mit Ostlern so und mit Westlern anders das Gespräch ohne Irritationen eröffnen.

Ich bin wer! – Wer bin ich?

Es gibt in dieser Kennenlernphase noch eine andere Dimension des Mißverstehens. Man könnte dabei von unterschiedlichen Präsentationsstrategien sprechen. Dabei geht es auf beiden Seiten eigentlich darum, dem anderen zu zeigen, wer man ist und wie man sich gerade fühlt.

Sie wollen darstellen, was Sie bereits in Ihrem Leben getan haben und womit Sie sich gerade im Moment beschäftigen. Der andere soll gleich den richtigen Eindruck von Ihnen bekommen. Und »richtig« in diesem Zusammenhang heißt: lieber ein bißchen besser als ein bißchen schlechter. Aber niemand hat von vornherein ein Interesse, den anderen wirklich zu täuschen. Das macht keinen Sinn. Früher oder später bekommt man sowieso heraus, mit wem man es eigentlich zu tun hat.

Dennoch fühlen sich beide Seiten bei der gegenseitigen Vorstellung gründlich in die Irre geführt.

Von Ostlern vorgebrachte Situationsbeschreibungen laufen darauf hinaus: Westler würden bei ihrer Selbstdarstellung einfach maßlos übertreiben.

Da gibt sich jemand als Assistent eines berühmten Künstlers aus, nur weil er als Student mal das Atelier von dem Künstler renoviert und mit ihm ein paar Gespräche geführt hat.

Ein Journalist gibt an, er hätte Rundfunkerfahrung. Wie sich herausstellt, hatte er einen Ferienjob in einem Funkhaus.

Eine junge Frau schreibt in einer Bewerbung, sie hätte in Amerika Management- und Führungserfahrung gesammelt. In Wirklichkeit war sie dort als Au-pair, hat einen Haushalt geführt und vier Kinder betreut.

Westler meinen dagegen: Ostler würden sich gar nicht darstellen, verschlossen sein, man wüßte nicht, woran man bei ihnen ist. Oft würde sich im nachhinein ein völlig anderes Bild ergeben als das, was sie bei einer Vorstellung von sich gezeichnet hätten.

Da bewirbt sich ein Ostler in einem Ingenieurbüro und sagt kaum einen Satz. Der Westler will ihn schon wegschikken und kommt eher durch Zufall am Ende des Gesprächs auf ein spezielles Computerprogramm zu sprechen. Dabei stellt sich heraus, daß der Ostler alle relevanten Computerprogramme in den neuesten Versionen kennt.

Oder ein Westler spricht ein physikalisches Problem an, und der Ostler sagt, damit hätte er sich auch schon beschäftigt. Der Westler staunt, wie gut der andere Bescheid weiß. Nach einer Stunde stellt sich heraus, daß der Ostler über dieses Thema seine Dissertation geschrieben hat. Der Westler fühlt sich brüskiert und getäuscht.

Was sind hier die unterschiedlichen Kontexte, und wie funktionieren die Rituale? Was wird wirklich gesagt, und was kommt bei dem anderen an?

Denn festzustellen ist folgendes: Wenn Westler mit Westlern sprechen und Ostler mit Ostlern, taucht dieses Problem der gegenseitigen Fehleinschätzung offensichtlich nicht in diesem Maße auf. Man gibt sich zu erkennen und erkennt sich gegenseitig auch.

Und wenn im Westen angeblich alle so sehr übertreiben, wie die Leute aus dem Osten behaupten, wie kommt es dann, daß die Vorstellungskultur innerhalb des Westens ziemlich gut funktioniert?

Und wenn sich angeblich niemand wirklich zu erkennen gibt, wie kommt es dann, daß auch diese Vorstellungskultur innerhalb des Ostens ziemlich gut funktioniert?

Sehen wir uns zuerst den Westen an.

Westler stellen sich vor allem mit ihren Fähigkeiten und Stärken vor und übertreiben diese von der Tendenz her eher, als daß sie untertreiben. Man muß sich gut präsentieren, heißt der Kontext. Das Schlimmste, was einem dabei passieren kann, ist:

- positive Dinge nicht genügend darzustellen
- Schwächen und Fehler zu zeigen
- zu untertreiben.

Von sich aus einem anderen eigene Schwächen zu zeigen, ist auf diesem Hintergrund vollkommen kontraproduktiv. Man geht davon aus, daß der andere auch weiß, daß man von sich ein einseitig gutes Bild malt. Und umgekehrt. Die »verdeckte« Seite der Kommunikation, die Nachteile und Schwächen werden hier intuitiv ergänzt.

Das Ritual lautet: Wenn man sich einseitig besser darstellt, kommt man »normal« rüber. Und wenn ein anderer sich vorstellt, zieht man einfach die Hälfte von dem ab, was er sagt, und ist dann ziemlich gut orientiert.

Ganz offensichtlich gilt im Osten ein anderes Prinzip. Nicht »anzugeben« und nicht zu »prahlen« ist hier Konsens. Dieser Kontext hat sich auch in der individuellen Selbstpräsentation niedergeschlagen. Die Strategie lautet von daher: Erst einmal etwas untertreiben. Sich ein bißchen kleiner darstellen, als man ist. Stärken nur andeuten. Denn das Schlimmste, was einem passieren kann, ist:

- zu prahlen
- sich größer oder besser darzustellen, als man wirklich ist
- eine Schwäche zu verschweigen, die womöglich schnell aufgedeckt wird.

Weil das der allgemein verbindliche Kontext ist, steht auch hier der Verständigung nichts im Weg. Man »weiß« ja, der andere erzählt nicht alles über sich, erwähnt nicht alle Abschlüsse und Erfahrungen auf einem Gebiet. Man fragt also genauer nach und ergänzt das jeweils Gehörte positiv.

Kein Wunder also, daß es zu erheblichen Irritationen kommt, wenn die Vertreter der beiden Gesprächskulturen aufeinandertreffen.

Der Westler stellt sich nach den Selbstverständlichkeiten seiner Kommunikationskultur vor. Er zeichnet von sich ein übertrieben positives Bild, um nach seinem Verständnis »realistisch« rüberzukommen. Jetzt trifft er auf einen Ostler. Von dem wird er noch einmal positiv »verdoppelt«. Denn der Ostler geht davon aus, daß auch der Westler nur die Hälfte von dem sagt oder zeigt, was er wirklich ist und kann. Daß der Westler dann in der realen Zusammenarbeit, beim näheren Kennenlernen in den Augen des Ostlers oft als Hochstapler und Betrüger dasteht, verwundert kaum.

Der Ostler wiederum greift entsprechend seiner Kommunikationskultur zum deutlichen Understatement, um »realistisch« beim anderen anzukommen. Doch der Westler »halbiert« gemäß seinem Verständnis das Gehörte noch einmal. Denn der Westler denkt seinerseits, daß sich natürlich auch der Ostler übertrieben positiv dargestellt hat.

Im Endeffekt wird also der Westler in den Augen des Ostlers auf das Vierfache vergrößert, während der Ostler in den Augen des Westlers auf ein Viertel verkleinert wird. Daß es dabei zu einigen Überraschungen kommt, wenn man sich näher kennenlernt, ist klar.

Doch auch wenn die Kommunikation trotz dieser Hürden zum Ziel führt, bleibt oft ein ungutes Gefühl zurück, wie folgendes Beispiel zeigt.

Ein Trainer aus dem Osten kam zu einem Bewerbungsgespräch bei einem großen Unternehmen im Westen Deutschlands. Er sollte vorher eine Liste von Fachliteratur einreichen, die er zu dem Trainingsthema gelesen hatte. Das Vorstandsmitglied sagte in dem Gespräch anerkennend zu ihm: »Wenn Sie nur die Hälfte von den Büchern wirklich gelesen haben, die hier angeführt sind, dann sind Sie ja wirklich ein hochkompetenter Mann.«

Obwohl der Tonfall des Managers voller Hochachtung war und der Trainer diesen Auftrag bekam, fühlte er sich dennoch brüskiert. Er hatte nicht nur die angegebenen Bücher gelesen, sondern noch einige mehr, die er jedoch gar nicht angegeben hatte, weil er sie für nicht so relevant hielt. Er fühlte sich nicht wirklich ernst genommen. Dabei hatte er nur den Kontext nicht beachtet.

Es ist also für eine Verständigung wichtig, die Eigenheiten der anderen Kommunikationskultur zu kennen. Dann kann man sich als Ostler vor Westlern angemessen präsentieren, ohne das Gefühl zu haben, ein Hochstapler zu sein. Und als Westler kann man sich vor Ostlern entsprechend darstellen, ohne befürchten zu müssen, gerade die eigene Selbstdemontage zu betreiben.

Fragen stellen – in Frage stellen?

Fragen spielen in Gesprächen und bei der Gesprächseröffnung eine entscheidende Rolle und bringen diese leicht zum Kippen. Das gilt vor allem für Fragen, die Interesse an dem anderen und an dem Thema signalisieren, die ein Gespräch vertiefen und die dem Gespräch eine andere Richtung geben. Es geht hier also nicht um Aussagen, die nur in Frageform vorgebracht werden, auch nicht um Fragen in einer Verhörsituation oder um rein rhetorische Fragen (»Sie glauben doch nicht im Ernst, daß ...«).

Wenn man die Häufigkeit solcher Fragen in der östlichen und westlichen Kommunikationskultur vergleicht, kommt man zu folgender Beobachtung: Männer aus dem Westen stellen in Gesprächen die wenigsten Fragen. Frauen aus dem Westen und Männer aus dem Osten stellen in Gesprächen etwa gleich viele Fragen. Frauen aus dem Osten stellen in Gesprächen die meisten Fragen.

Zu den ohnehin bemerkenswerten Mann-Frau-Unterschieden kommen jetzt also noch einmal die Ost-West-Kommunikationsunterschiede hinzu.

In der westlichen Kommunikationskultur wird ein bestimmtes Verhalten bestärkt, das für Aktivität, Präsentation und Dominanz steht: Von daher ist es normal, daß man spricht – auch ohne gefragt zu werden. Es wird so lange über sich selbst oder über ein Thema geredet, bis der andere von sich aus in das Gespräch einsteigt.

Ähnlich wie wir das beim Thema Körpersprache beobachten konnten, nimmt sich auch hier jeder der beiden Gesprächspartner seinen bestimmten Gesprächs- oder Zeitraum. Daraus resultiert, zumindest in der Öffentlichkeit und im Job, ein eher konkurrierendes Sprechverhalten.

Zur östlichen Kommunikationskultur hingegen gehört, daß man den anderen eher zum Sprechen einlädt, indem man etwas fragt und ihm damit den Vortritt läßt. Man erwartet allerdings auch, daß man von dem anderen nach einer Weile zurückgefragt wird.

Ein Beispiel: Jemand beginnt das Gespräch mit: »Wo kommen Sie her, und was machen Sie hier, wenn ich fragen darf?« Dann antwortet der andere, wenn er möchte, und fragt seinerseits entsprechend zurück. So geht das Gespräch »ganz normal« hin und her. Das Sprechverhalten im Osten weist also eher kooperative Züge auf.

Wieder funktionieren beide Systeme tadellos – nur leider nicht zusammen. Dann passiert nämlich folgendes:

Jemand aus der westlichen Kommunikationskultur redet. Jemand aus der östlichen Kommunikationskultur stellt Fragen. Der aus dem Westen wundert sich, warum sich der andere nicht direkt einbringt und sich seinen Raum »nimmt«. Aber er kommt nicht auf die Idee, dem anderen von sich aus Fragen zu stellen. Wenn der etwas sagen will, wird er das schon tun.

Der aus dem Osten merkt zwar, daß er nicht zum Zug kommt und keinen wirklichen Gesprächsraum »bekommt«, er fängt aber trotzdem nicht an zu konkurrieren. Statt dessen verstärkt er »spontan« seine Kommunikationsform – und stellt noch mehr Fragen. Dahinter steht die unbewußte Erwartung, der andere werde das enorme Ungleichgewicht bemerken (was er in der Regel auch tut) und korrigieren, indem er ebenfalls anfängt, Fragen zu stellen. Das aber tut der Westler genau nicht, weil er nämlich die »Spielregel«, den Hintergrund nicht kennt und nicht weiß, was der Ostler an dieser Stelle von ihm erwartet.

Auch hier hilft nur eines: die unterschiedlichen Kontexte zu kennen. Als Ostler sich im Gespräch mit jemandem aus dem Westen seinen Raum zu nehmen und loszusprechen, als Westler im Gespräch mit einem Ostler von sich aus anzufangen, ebenfalls Fragen zu stellen.

Dieses Fragenstellen wird darüber hinaus in Ost und West unterschiedlich wahrgenommen. Im Osten wird es mehr im Zusammenhang mit »Beziehung« gesehen, im Westen hingegen mehr dem »Status« zugeordnet.

In der westlichen Kommunikationskultur wird das Fragenstellen öfter als eine Form der Unterordnung angesehen.

Es wird mit Passivität oder Unsicherheit in Verbindung gebracht. Das heißt, der, der mehr Fragen stellt, ordnet sich (dem Status nach) dem, der in erster Linie »spricht«, unter. Wenn man sich das bildlich vorstellt, steht bei dieser Betrachtung einer der Kommunikationspartner eher »oben« und der andere eher »unten«.

In der östlichen Kommunikationskultur, die mehr an Beziehung und Konsens orientiert ist, wird Fragenstellen dagegen eher als eine Form der »Annäherung« an die andere Person gesehen und nicht mit dem »Status« in Verbindung gebracht.

Wer fragt, positioniert sich also nicht »weiter unten«, sondern nähert sich (auf der gleichen Ebene) dem anderen an. Der, der keine Fragen stellt, bleibt dagegen »statisch«. Daß es aus dieser Perspektive gesehen einem Ostler leichter fällt, Fragen zu stellen, ist klar.

Wie viele Irritationen und Kommunikationsprobleme sich durch diese unterschiedlichen Kontexte ergeben, ist im Alltag erschreckend häufig anzutreffen, zumal sich an diesem Punkt die Mann-Frau- und die Ost-West-Kommunikation überlagern.

Innere Sprachräume

Es ist sehr spannend zu vergleichen, wie sprachliche Äußerungen in den Kommunikationskulturen jeweils gehört und mental und »räumlich« zugeordnet werden. Im letzten Kapitel, bei dem Beispiel »Fragen stellen«, ging es genau um eine solche Zuordnung – nämlich »oben oder unten« contra »nah oder fern«.

Auch die Konzepte von »dein und mein« in der westlichen Kommunikationskultur und von »wir gemeinsam« in der östlichen Kommunikationskultur sind solche »inneren Sprachräume«.

Nehmen wir ein Beispiel dafür:

Jemand stellt eine Frage, mit der er sich vergewissern oder rückversichern will, ob eine bestimmte Nachricht oder Information bei dem anderen angekommen ist: *»Haben Sie mich* bis hier verstanden?« im Sinne von: Oder brauchen Sie noch mehr oder genauere Informationen? (Diese Frage ist freundlich formuliert und nicht von einer Machtposition her gesprochen.)

Eine ganz ähnliche Frage lautet: *»Habe ich mich* bis hier verständlich gemacht?« Ebenfalls mit der Intention: Oder brauchen Sie noch mehr oder genauere Informationen?

Aber etwas unterscheidet die Fragen voneinander: Denn einmal zielt die Frage auf den anderen (ob er verstanden hat) und einmal auf mich selbst (ob ich mich verständlich gemacht habe).

Diese Unterscheidung ist allerdings nur dann interessant, wenn ich von einem »mein« und »dein« ausgehe, nicht aber, wenn ich mich in einem Zustand von »wir gemeinsam« befinde. Zu welchen Komplikationen das führen kann, zeigt folgende Geschichte.

Ein Ostler in einem Westteam stellte häufig die Frage: *»Habe ich mich* bis hier verständlich gemacht?« Er bekam klare Rückmeldungen, und die Gespräche gingen ganz normal weiter.

In einer anderen Abteilung stellte ein Ostler in einem Westteam eine ganz ähnliche Frage, bekam aber von verschiedenen Mitarbeitern (aus dem Westen) mehrfach die empörte Rückmeldung, daß er Dinge unterstellen würde, daß er sie angreifen würde und für unfähig hielte.

Seine Frage lautete nämlich: *»Haben Sie mich* bis hier verstanden?« Gemeint hatte er exakt das gleiche, aber gesagt hatte er eben etwas anderes.

Dabei ging er von einem »inneren Sprachraum« des »wir gemeinsam« und nicht von einem »dein« und »mein« aus. Insofern differenzierte er hier nicht.

Es ging ihm lediglich darum, ob die Information wirklich angekommen ist. Da er sich von seiner inneren Vorstellung her in dem Sprachraum des »wir gemeinsam« befand, konnte es für ihn gar nicht darum gehen, ob er selbst oder ob der andere »schuld« war an einer eventuell unvollständigen oder falschen Übertragung. Das hatte er nicht intendiert, und von daher waren beide Sätze für ihn austauschbar.

In der westlichen Kommunikationskultur ist die Abgrenzung der Personen voneinander viel deutlicher. Auch wenn man sich länger kennt, geht man in der Kommunikation nicht von einem »wir gemeinsam«, sondern von »mein« und »dein« aus. Wenn etwas anderes gemeint ist, wird das sprachlich besonders kenntlich gemacht.

Auf dem Hintergrund dieser Differenzierung von »mein und dein« ist aber zweierlei sehr wichtig: erstens, ob die Nachricht oder die Information richtig angekommen ist (das gilt auch für die östliche Kommunikationskultur), und zweitens, was denn der Sprecher meint, worin eine Störung eigentlich liegen könnte.

»Haben *Sie* mich bis hier verstanden?« heißt dann auf der Empfängerseite auch: Vorsicht! Er meint, ich hätte das Problem.

Dagegen löst der Satz »Habe *ich* mich bis hier verständlich gemacht?« in der westlichen Kommunikationskultur eher die Vermutung aus: »Da will sich jemand vergewissern, ob er keinen Fehler gemacht hat.« Er bleibt bei sich – es ist also kein Angriff.

Irritationen, die durch solche Unterschiede in den inneren Sprachräumen ausgelöst werden, gibt es in vielen Variationen. Das Prinzip ist immer ähnlich. Jeder geht in seiner Kommunikation von einer anderen Grundlage, einem anderen »inneren Sprachraum« aus. Was dann aber gesagt wird, ist für den anderen oft äußerst mißverständlich oder sogar verletzend.

Diese gegenseitigen Verletzungen werden jedoch in der Hektik des Alltags häufig als willkürlich oder absichtlich wahrgenommen, und darauf folgen die entsprechenden emotionalen Verstimmungen.

Das Gesagte oder das Gemeinte zählt

Erinnern wir uns an den Satz, der im (westlichen) Kriminalfilm von der Polizei bei der Verhaftung gesagt wird: »Alles, was Sie jetzt sagen, kann gegen Sie verwendet werden.« Das einmal ausgesprochene Wort hat offensichtlich ziemliche Konsequenzen. Im Alltag ebenso wie im Gerichtsprozeß.

Andererseits gilt auch, daß Sprache Realität nicht eins zu eins abbilden kann. Auch das, was ausgelassen wird, das, was als Kontext vorausgesetzt wird, und die Art, wie etwas gesagt wird, gehören zur Kommunikation. Fragenstellen kann als Unterordnung oder als Annäherung verstanden werden. »Haben Sie mich da verstehen können?« kann als Frage nach einer vollständigen Informationsübermittlung gehört werden oder auch als Angriff auf die eigene Person.

In vielen Ost-West-Beratungssituationen bin ich auf einen beinahe standardmäßig geführten Streit gestoßen. Auf der westlichen Seite wird dabei oft bis ins Detail darum gestritten, was *ganz genau*, und zwar *wortwörtlich*, gesagt wurde. Gemeint ist, was gesagt wird, lautet hier der Grundsatz, und auf die genaue Formulierung kommt es daher an.

Auf der östlichen Seite wird dagegen oft schon die Suche nach der wortwörtlichen Formulierung vom Tisch gefegt. Und zwar mit folgender Bemerkung: »Das wurde vielleicht so *oder so ähnlich* gesagt, aber gemeint war doch eigentlich …« Der Fokus liegt hier nicht so sehr darauf, was gesagt wurde, sondern eher auf dem, was mit den Worten intendiert war.

Natürlich ist Verständigung immer ein Zusammenspiel von Intention und wirklich gesprochenem Wort.

Trotzdem wird im Osten bei der nachträglichen Klärung eines Streits sofort über Tonfall, Mimik und Gestik gesprochen. Im Westen dagegen geht es zuerst um die Rekonstruktion der genauen Formulierung und erst danach auch über die wahrscheinlichen Intentionen.

Von daher wird bei Streitgesprächen im Westen auch erstaunlich häufig von dem Gesprächspartner verlangt, »eine Formulierung zurückzunehmen« – während im Osten in solchen Situationen eher noch einmal nachgefragt wird, was er oder sie »damit genau gemeint hat« oder »damit ausdrücken will«.

So wird im Osten eher »vorläufig« formuliert. Die Unvollkommenheit sprachlichen Ausdrucks wird sich gegenseitig zugestanden. Und man bekommt leichter die Möglichkeit, noch einmal zu präzisieren oder etwas klarzustellen. Man wird nicht so sehr auf seine Worte »festgelegt«.

Was heißt das für die Begegnung der beiden Kommunikationskulturen? Wenn Sie als Ostler einem Westler etwas Verletzendes gesagt haben, nutzt es Ihnen wahrscheinlich nichts, eine Erklärung nachzuliefern und zu sagen, Sie hätten es ganz anders gemeint. Damit machen Sie das Problem in der Regel noch schlimmer. Der Westler denkt nämlich, wenn Sie etwas anders meinen, hätten Sie auch etwas anderes sagen müssen. Da Sie das nachträglich nicht mehr können, ist es am besten, sich erst einmal zu entschuldigen. Erst danach können Sie noch einmal neu formulieren.

Als Westler haben Sie es mit den Ostlern zugleich leichter und schwerer. Sie brauchen sich einem Ostler gegenüber nicht so häufig zu entschuldigen. Es reicht, daß Sie bei einem Mißverständnis sagen, es war nicht so gemeint, und dann noch einmal neu formulieren. Allerdings, wenn Sie von vielen Ostlern umgeben sind, können Sie auch keine Entschuldigungen und Zurücknahmen erwarten. Das richtet sich nicht gegen Sie. Denken Sie einfach an den anderen Kontext.

Das Trennende oder das Gemeinsame betonen

Ostler beklagen sich oft, Westler seien in Gesprächen streitsüchtig, konkurrenzorientiert, selbstbezogen und provozierten unnütze Konflikte.

Westler setzen dagegen, Ostler seien in Gesprächen harmoniesüchtig, unklar, ausweichend und unpräzise.

Von Westlern werden dieselben Westler jedoch als anregend, profiliert und konstruktiv streitend beschrieben. Von

Ostlern werden dieselben Ostler als partnerschaftlich, kompromißbereit und lösungsorientiert angesehen. Auch hier verzerren die außerbewußten Kontexte der Kommunikation auf beiden Seiten die Wahrnehmung.

In der östlichen Kommunikationskultur sucht man im Gespräch zunächst nach Übereinstimmungen und Gemeinsamkeiten. Sie werden stärker betont. Themen, bei denen man nicht übereinstimmt oder die man für potentiell konfliktträchtig hält, werden eher vermieden. So wird, bildlich gesprochen, eine gemeinsame »Plattform«, ein »wir gemeinsam« geschaffen. Ungeachtet vorhandener Differenzen hält man sich deutlich länger bei den Punkten auf, an denen man übereinstimmt. Auch in der Entfaltung des Gesprächs, wenn nach und nach über strittige Dinge oder Positionen gesprochen wird, kommen beide Gesprächspartner immer wieder auf Gemeinsamkeiten zurück. Es ist ein ständiges Hin- und Herpendeln zwischen der Bestätigung der gemeinsamen Ebene und der Diskussion über das strittige Thema. Das Motiv für diese Gesprächsstrategie ist die stärkere Orientierung an einem Kontext von Nähe und Verbundenheit, den es gerade bei Differenzen in einem noch viel stärkeren Maße aufrechtzuerhalten gilt.

Die westliche Kommunikationskultur setzt da eine ganz andere Prämisse. Hier wird im Gespräch eher das Besondere, das Hervorstechende, der Unterschied gesucht und betont. Der Gesprächspartner gibt einem damit die Möglichkeit, sich stärker zu profilieren. Es kommt in solchen Gesprächen wesentlich schneller zu Konflikten. Aber diese Konflikte werden eher als Salz in der Suppe, als Bereicherung und als Form der intensiven Selbstdarstellung und nicht so leicht als potentiell bedrohlich oder gar zerstörerisch wahrgenommen. Intuitiv wird von daher das Trennende und das Nichtübereinstimmende betont, Gemeinsames oder Verbindendes wird dabei öfter übergangen.

Die wesentlichen Vorteile beider Kommunikationsstrukturen liegen auf der Hand. Die eine integriert, sie schafft und hält mehr Nähe zwischen den Personen. Die andere differenziert, sie schafft mehr Wettbewerbsatmosphäre zwischen den Personen und betont das Besondere und das Individuelle. Beide Kommunikationsformen sind effizient und erreichen in der Regel das von ihnen angestrebte Ziel.

Im Ost-West-Kontakt führen diese unterschiedlichen Erwartungen, Voraussetzungen und Gesprächsstrategien zu entsprechenden Frustrationen. Da die Unterschiede in der Kommunikationskultur nicht klar sind, bekommt man ein »ungutes« Gefühl, ohne genau zu verstehen, was eigentlich passiert.

Wenn beide Seiten aufeinandertreffen, verstärken sie oft intuitiv ihre Strategie. Westler werden provozierender, beharren noch mehr auf dem Unterschied und versuchen so, dem Gespräch endlich die erwartete Dynamik und Zuspitzung zu verleihen. Die Ostler betonen noch mehr die Übereinstimmung, werden ausweichender und noch weniger »faßbar«, um dadurch den – in ihren Augen unnötigen – Konflikt zu vermeiden.

Diese Konfliktdynamik läßt sich jedoch zumindest abmildern, wenn die unterschiedlichen Kontexte bekannt sind. So kann der Ostler beispielsweise in den Konflikt hineingehen und erst später übereinstimmende Momente ansprechen, während der Westler sich anfangs im Austausch von Gemeinsamkeiten und Übereinstimmungen üben kann, um erst danach in den Konflikt, in die Auseinandersetzung einzusteigen. Wobei die wortwörtliche Bedeutung des Wortes »Auseinander-Setzung« nicht uninteressant ist.

Soweit zu den Mißverständnissen, die bereits beim Kennenlernen, in den ersten Minuten des Gesprächs auftreten können. Diese Konflikte sind jedoch nur die Spitze des kommunikativen Eisbergs zwischen Ost und West. Von daher ist es angebracht, sich bei jedem diffusen Unwohlsein zu fragen, was da gerade bei einem selber, bei dem anderen und in der Situation passiert. Denn nur durch eine verfeinerte Wahrnehmung können Kontextunterschiede aufgedeckt werden.

Mißverständnis, Kulturschock oder Kommunikationsschock

Der Kommunikationsschock / Wie verläuft der Kommunikationsschock? / Das Spezielle am deutsch-deutschen Kommunikationsschock / Ein berühmter amerikanisch-englischer Kommunikationsschock / Schwierigkeiten, das Unsichtbare zu benennen / Das Frustrierende und das Kreative am Kommunikationsschock

Der Kommunikationsschock

Im Gegensatz zu gewöhnlichen Mißverständnissen, die auch innerhalb einer Kommunikationskultur mit ihren unterschiedlichen regionalen, historischen und sozialen Subkontexten ständig auftreten, möchte ich für die grundlegenden Verständigungsprobleme zwischen zwei unterschiedlichen Kommunikationskulturen den Begriff des »Kommunikationsschocks« einführen.

Zugleich möchte ich meine Definition des Kommunikationsschocks von dem in der interkulturellen Kommunikation bekannten Begriff des »Kulturschocks« und den damit einhergehenden Vorstellungen abgrenzen. Der Begriff des Kulturschocks wurde 1960 von Oberg geprägt und später von Wolf Wagner (in seinem Buch »Kulturschock Deutschland«) auch auf die Situation in Deutschland angewandt.

Mit »Kulturschock« wird eigentlich das umschrieben, was mit einem Menschen passiert, wenn er in eine für ihn vollkommen fremde »Kultur« kommt. Die Frage ist aber, was das wirklich Schockierende an der jeweils fremden »Kultur« ist. Ist es das Klima? Das Essen? Sind es die anderen Gesetze? Die Kleidungsformen? Die fremde Religion? Ist es die Sprache?

Auf alle diese Differenzen kann man sich vorbereiten. Geschockt im eigentlichen Sinne ist man aber von etwas anderem: nämlich von dem, was man überhaupt nicht erwartet hat. Und dieser »Schock« hängt (trotz der oft vorhandenen Sprachkenntnisse) mit der mißlingenden Kommunikation und Interaktion mit den Menschen aus der fremden Kommunikationskultur zusammen. Wenn das, was man sagt, bei dem anderen zu Empfindungen oder Handlungen führt, die man überhaupt nicht verstehen und einordnen kann. Oder umgekehrt: Wenn man den anderen scheinbar verstanden hat und dann handelt, dieses Handeln aber in einem großen Gegensatz zu den eigentlichen Intentionen des anderen steht.

Deswegen halte ich es für deutlicher und klarer, nicht allgemein von einem »Kulturschock«, sondern genauer von einem »Kommunikationsschock« zu sprechen.

Der Kommunikationsschock ist andererseits viel dramatischer als ein einfaches »Mißverständnis« innerhalb einer Kommunikationskultur. Bei so einem »Schock« treffen völlig andere Wertehierarchien und mentale Modelle aufeinander, zudem ist das Problem nicht nur einem, sondern *beiden* Kommunikationspartnern »außerbewußt«. Das heißt, beide gehen von »selbstverständlich übereinstimmenden« Kontexten aus – obwohl diese Kontexte nicht übereinstimmen. Den Ausdruck »Schock« halte ich deswegen für angemessen, weil schlagartig in bestimmten Situationen das ganze Ausmaß des nicht bekannten Kommunikationskontextes des anderen aufleuchtet und die unerwartete Fremdheit deutlich werden läßt.

Mit solchen Schocks rechnet man also am ehesten, wenn man ins fremdsprachige Ausland geht. Man weiß oder ahnt zumindest, daß die Beherrschung der fremden Sprache allein noch keine Verständigung garantiert.

Solange einem die hochkomplexen »geheimen Regeln« und »Voraussetzungen« der fremden Kommunikationskultur unbekannt sind, wird man ziemlich frustrierende Erfahrungen machen.

Wenn zum Beispiel in Amerika jemand zu Ihnen sagt: »Kommen Sie doch ruhig in einer Woche mal zum Essen vorbei« – und Sie stehen genau eine Woche später mit einem Blumenstrauß vor der Haustür, dann ist ein Schockerlebnis sicher. Der Satz ist zwar wirklich so gesagt worden, aber gemeint war eigentlich: »Es war nett, Sie kennenzulernen, und vielleicht trifft man sich bei Gelegenheit mal wieder.«

Diese Art von unerwarteten Kommunikationsschocks erlebt man auch in der ost-west-deutschen Kommunikation jedesmal, wenn man etwas Bestimmtes gehört oder verstanden zu haben glaubt, entsprechend handelt und erst an der Reaktion des anderen merkt, daß da etwas gründlich schiefgelaufen ist. Oder umgekehrt, wenn man etwas mitteilen oder erreichen will und dann bemerkt, daß der andere vollkommen anders reagiert oder handelt, als es intendiert war. Und beide Seiten meinen, sie hätten sich vollkommen klar und eindeutig ausgedrückt.

Erinnern wir uns an einige Beispiele aus den vorherigen Kapiteln: Man sieht jemanden intensiv an, der andere reagiert panisch; man berührt jemanden an der Schulter, und der fühlt sich brüskiert; man geht auf jemanden zu, und der weicht aus; man will sich mit jemandem unterhalten, aber der sagt kein Wort.

Beim ersten Mal kann man sich noch sagen: Nicht so gut gelaufen. Oder man gibt dem anderen die Schuld an der mißlungenen Kommunikation. Aber wenn man das wieder und wieder erlebt, wird man sich einfach schlecht fühlen und je nach Charakter entweder verunsichert und hilflos oder eher verzweifelt und aggressiv reagieren.

In der ost-west-deutschen Kommunikation kommt erschwerend hinzu, daß niemand wirklich mit Kontextproblemen und den daraus resultierenden Kommunikationsschocks rechnet. Weil ja alle »eine Sprache« sprechen, wird auch von einer »einheitlichen« Kommunikationskultur ausgegangen.

Wenn Sie als Deutscher nach Amerika kommen oder wenn Sie einen deutschsprechenden Franzosen oder Italiener in Deutschland treffen, dann stellen Sie sich von vornherein auf mehr oder minder große Verständigungsprobleme ein.

Sie werden also gleich genauer hinschauen und zuhören. Sie gehen entsprechend umsichtiger vor. Ihr Anliegen schildern Sie aus verschiedenen Perspektiven, und einen vermeintlichen Konsens überprüfen Sie vorsichtshalber noch einmal. Wenn ein Problem entsteht, irgendeine verbale, emotionale oder körperliche Irritation auftritt (Abstand, Körpersprache etc.), werden Sie nicht dem anderen oder sich selbst die Schuld dafür geben, sondern das Problem da suchen, wo es wahrscheinlich seine Ursache hat: in den unterschiedlichen Kommunikationskulturen.

Kurz: Da man mit Verständigungsproblemen rechnet, werden sie nicht so leicht zu einer wirklichen Frustration.

Aber in Deutschland sprechen alle deutsch. Da scheint die Vorsicht oder Umsicht, die man im Kontakt mit dem Fremdsprachigen an den Tag legt, überflüssig zu sein. Aber gerade die vermeintliche »Übereinstimmung« in den Kontexten löst den für beide Seiten oft unerklärlichen Kommunikationsschock aus.

Deshalb wird auch oft vorgebracht, mit jemandem aus dem Ausland könne man sich manchmal besser verständigen als mit jemandem aus der anderen Hälfte Deutschlands. Der Grund ist wohl folgender: Je größer meine Erwartung in bezug auf eine problemlose Verständigung, um so frustrierender ist ein auftretender Kommunikationsschock.

Das Ganze verschärft sich in der Ost-West-Kommunikation noch einmal dadurch, daß wechselseitig jeder von seiner Seriosität und seinem guten Willen überzeugt ist. Von daher liegt es nahe, das Problem »spontan« bei dem Gegenüber zu suchen.

Was der andere sagt und wie er sich verhält, wird vor dem Hintergrund des eigenen Kontextes mißgedeutet, und die »Schuld« für den Kommunikationsschock bekommt der andere. Das geschieht individuell in der einzelnen Begegnung oder eben auch allgemein, im Sinne von meistens abwertenden Vorurteilen gegenüber der anderen Kommunikationskultur. Mit unterschiedlichen Kontexten und daraus resultierenden Fehleinordnungen rechnet man in der Ost-West-Kommunikation jedenfalls nach meiner Beobachtung am wenigsten.

Wie verläuft der Kommunikationsschock?

Es gibt ein interessantes Modell von fünf Phasen für den klassischen Verlauf eines »Kulturschocks« (von Oberg). Die Frage ist nun, ob zu erwarten ist, daß der »Kommunikationsschock« in Deutschland dazu parallel verläuft oder eher nicht.

In der ersten Phase des »Kulturschocks« herrscht Euphorie vor (die eigene Kultur wird nicht in Frage gestellt, man ist eher Zuschauer). Dann folgt die Phase der Entfremdung. Es gibt erste Kontaktschwierigkeiten. Dann folgt als dritte Phase die Eskalation, die mit einer Schuldzuweisung an die fremde Kultur und einer Verherrlichung der eigenen Kultur einhergeht. In einer vierten Phase werden die »Schocks« als Ergebnis der kulturellen Unterschiede wahrgenommen, und in der fünften Phase kommt es zu einer Verständigung (im Sinne von Anpassung). Das heißt, die kulturellen Spielregeln werden verstanden, geduldet, erlernt und geschätzt.

Dieses Modell bezieht sich allerdings auf Untersuchungen und Situationen, wo jeweils einzelne Individuen oder Gruppen in eine fremde Kultur kommen. Das ist aber in Deutschland so nicht der Fall.

Hier geht es eben nicht um einzelne Personen, die in ein anderes Land einwandern und damit zugleich die räumliche Verbundenheit mit ihrem Heimatland aufgeben. In Deutschland stehen sich siebzehn Millionen Menschen auf der einen Seite und sechzig Millionen Menschen auf der anderen Seite gegenüber, die jetzt in einem Land zusammenleben.

Es kommt zu Begegnungen, zu Austausch und Zusammenarbeit, und es gibt erhebliche Wanderbewegungen, aber es besteht oft weder der Wunsch noch der Zwang, sich einseitig und möglichst vollkommen an die andere Kommunikationskultur anzupassen, wie das bei einer individuellen Einwanderungssituation der Fall ist.

In Deutschland bleibt außerdem neben der jeweils »fremden« Kommunikationskultur, der man begegnet, die jeweils »eigene« vorhanden und für den einzelnen direkt erfahrbar.

Wer als Westler ein Haus in Brandenburg hat oder in Brandenburg arbeitet, kann immer auf die »Insel« Westberlin »fliehen« und sich von seinen Kommunikationsschocks im Osten erholen. Wer als Ostler in Westberlin arbeitet, fährt abends mit der S-Bahn ein paar Stationen wieder nach Hause. Ähnliches passiert in den ehemaligen »Zonenrandgebieten«.

Das heißt, wenn man will, kann man ausweichen. Es ist möglich, zwischen den beiden Kommunikationskulturen, ihren Ansprüchen, Deutungen und Kontexten hin- und herzupendeln. Selbst wenn es einen in das östlichste Ostdeutschland oder das westlichste Westdeutschland verschlagen hat, kann man abends am Telefon mit den zurückgelassenen Freunden »ganz normal sprechen« und am Wochenende heimfahren.

So gesehen ist die in Phase fünf beschriebene Anpassung des einzelnen an die jeweils andere Kommunikationskultur in Deutschland sicher in Einzelfällen möglich, aber bei weitem nicht die Regel.

Und die Unterschiede in den Kommunikationskulturen schleifen sich auch nicht einseitig ab, wie das in einer Einwanderungssituation (zumindest im Laufe von Generationen) der Fall ist. Denn sie reproduzieren sich immer wieder in den jeweiligen Gebieten in Ost und West. In der Kindererziehung, im Alltag, in der Schule, in den Kontakten und in den Beziehungen untereinander.

Für den, der zum ersten Mal in einen intensiven Kontakt mit der anderen Seite tritt, ist der Kommunikationsschock daher in voller Härte präsent. Und zwar in beiden Richtungen. Deswegen werden die ost-westdeutschen Kommunikationsprobleme auch noch Jahrzehnte weiterbestehen. Ein modellhafter Verlauf des Kommunikationsschocks, ähnlich dem typisch verlaufenden Kulturschock für die deutsch-deutsche Situation, ist von daher nicht zu erwarten.

Eine Überwindung des Kommunikationsschocks kann es in Deutschland nur geben, wenn sich Ost und West in ihren Bemühungen um Verständigung aufeinander zubewegen und gerade nicht auf eine einseitige Anpassung des Ostens gesetzt wird. Bis dahin aber werden wir mit den individuell erlittenen, aber öffentlich verdrängten Kommunikationsschocks leben müssen.

Das Spezielle am deutsch-deutschen Kommunikationsschock

Aus drei Gründen ist der Kommunikationsschock in Deutschland, der sich täglich in Einzelsituationen realisiert, so besonders schwerwiegend.

Einmal wird das Ausmaß der Unterschiede und der damit einhergehenden Differenzen in der Kommunikationskultur nicht wirklich wahrgenommen.

Zum zweiten setzt der Westen noch immer weitgehend auf einseitige Anpassung des Ostens.

Und drittens schließlich gibt es auf beiden Seiten, in Ost und West, nicht gerade eine ausgeprägte Kultur, Abweichungen, Differenzen und Unterschiede zu schätzen oder gar zu genießen.

Wie irrig die Annahme ist, daß man sich problemlos verständigen könne, wenn man eine (beinahe gleiche) Sprache spricht, hätte schon ein Blick über die Landesgrenzen lehren können. Die Unterschiede in der Kommunikationskultur zwischen Engländern und Amerikanern sind dafür ein gutes Beispiel. Auch da sind es nicht ein paar Vokabeln und Redewendungen, die die Spannungen und Irritationen hervorrufen. Es sind die unterschiedlichen Kontexte, die große Anzahl »ungeschriebener Gesetze« auf beiden Seiten, welche die Kommunikationsschocks bei der Begegnung auslösen.

In Deutschland ist, zugegeben, die Wahrnehmung der Unterschiede in den Kommunikationskulturen und vor allem der Eigenheiten der östlichen Kommunikationskultur für jemanden, der aus dem Westen kommt, deutlich schwieriger als umgekehrt.

Die Ostdeutschen haben wesentliche Veränderungen in allen Bereichen des öffentlichen und privaten Lebens durchlebt und wissen zumindest intuitiv auch um die Differenzen im Denken, Sprechen, Wahrnehmen und Fühlen in der eigenen und in der fremden Kommunikationskultur. Sie wissen, an welchen Stellen sie sich notgedrungen oder gerne adaptiert haben und an welchen Stellen eben nicht.

Für jemanden aus der westlichen Kommunikationskultur hat sich mit der Vereinigung erst mal nichts geändert. Mit

Ausnahme der Westberliner natürlich. Erst wenn er nach Ostdeutschland kommt, dort arbeitet, wohnt und lebt, erleidet er seinerseits einen ziemlich heftigen Kommunikationsschock, den er sich nicht wirklich erklären kann. Dann werden die tiefgreifenden Unterschiede auf einmal sehr deutlich. Die Härte und die Schroffheit des Kommunikationsschocks, den man als Westler dort erleben kann, ist bereits mehrfach sehr plastisch beschrieben worden (vgl. Luise Endlich »Neuland«).

Als Westler steht man in einem ganz speziellen »Kommunikationsnebel«. Da jetzt auch im Osten das westliche Wirtschafts- und Rechtssystem etabliert ist, fühlt man sich einerseits wie »zu Hause«. Andererseits wird man mit Einzelphänomenen konfrontiert, die man nur schwer deuten und zuordnen kann. Es bleibt ziemlich unklar, warum die Kommunikationsformen, die zu Hause keine Probleme machen, auf einmal unvorhersehbare Ergebnisse hervorbringen.

Der Westler im Osten merkt, daß etwas nicht stimmt, aber er kennt die andere Kommunikationskultur nicht und auch nicht den Kontext, in dem das, was er sagt und wie er etwas sagt, jeweils aufgenommen wird. Also weiß er auch nicht, wie sein Vorgehen, Auftreten und Sprechen entschlüsselt und eingeordnet wird, und wie er umgekehrt das Sprechen, Auftreten und Vorgehen seines Gegenübers jeweils richtig verstehen und einordnen soll. Er macht es intuitiv – und damit meistens falsch, und oft ist er einfach froh, wenn er wieder zu Hause ist.

Die zweite Schwierigkeit, die die Situation zwischen Ost und West in Deutschland oft so festgefahren erscheinen läßt und den Kommunikationsschock zusätzlich verstärkt, liegt darin, daß nicht auf eine gegenseitige Annäherung der beiden Kommunikationskulturen, sondern bewußt oder unbewußt auf eine einseitige Anpassung des Ostens gesetzt wird.

Man erwartete in den zurückliegenden zehn Jahren, daß sich Unterschiede in der Kommunikationskultur (so überhaupt vorhanden) durch einseitige Annäherung schnell abschleifen würden. Von der westlichen Kommunikationskultur ging dabei ein ziemlicher Anpassungsdruck aus.

Mit der Übernahme des politischen und wirtschaftlichen Systems in Ostdeutschland bestand natürlich einerseits die Notwendigkeit, sich im Osten an die neuen Gesetze, Verordnungen und Regelungen anzupassen.

Aber warum sollte man sich darüber hinaus auch in seinen persönlichen Kommunikationsstrategien, in Umgangsformen und mentalen Modellen angleichen? Das würde man höchstens tun, wenn die anderen, die neuen eindeutig »besser« wären. Von »besser« oder »schlechter« im Vergleich von Kommunikationskulturen zu sprechen macht aber nicht viel Sinn, denn mit jedem Vorteil geht auch ein Nachteil einher. Und es gibt offensichtlich viele Bereiche in der Kommunikationskultur des Ostens, die andere Aspekte des Lebens und der Wahrnehmung betonen als im Westen, und die sich von daher lohnen, bewahrt zu werden.

Drittens wird der Kommunikationsschock in Deutschland verstärkt, weil es in Ost und West nicht gerade eine ausgeprägte Kultur gibt, Unterschiede wirklich zu schätzen und kreativ mit ihnen umzugehen. Wäre das anders, könnte man neugieriger und erwartungsvoller mit den auftretenden Differenzen umgehen. Man würde sie nicht sofort als Infragestellung und Verunsicherung, sondern als Bereicherung ansehen. Und man wäre nicht mehr gezwungen, die andere Kommunikationskultur reflexartig abzuwehren.

Gegenbeispiele dafür gibt es aber auch. Westler, die seit Jahren ausschließlich innerhalb der östlichen Kommunikationskultur leben, haben angemerkt, daß sie jetzt etwas wiederentdeckt haben, von dem sie gar nicht gewußt hatten, daß es ihnen abhanden gekommen war. Und zwar etwas, das mit der anderen Art und Weise, im Osten zu kommunizieren, unmittelbar einhergeht. So beschreiben sie, daß sie ein entspannteres Verhältnis zu ihrem Umgang mit Zeit und Muße wiedergefunden hätten. Daß sie weniger bereit seien, ihr privates Leben und ihre Freizeit der Karriere und dem Erfolg zu opfern. Daß für sie die Pflege von intensiven Freundschaften wieder eine größere Wertigkeit bekommen hätte, daß sie mehr Nähe und Vertrautheit im alltäglichen Umgang mit anderen Menschen spüren würden.

Umgekehrt beschreiben Ostler, die vollständig in die westliche Kommunikationskultur eingetaucht sind, eine damit einhergehende Beschleunigung ihrer Arbeits- und Lebensprozesse, die sie als eine Zunahme an Lebensintensität schätzen gelernt haben. Den freundlicheren Umgang der Menschen im alltäglichen Leben miteinander fänden sie ebenso angenehm wie die größere Lässigkeit gegenüber familiären und freundschaftlichen Verbindlichkeiten. Und schließlich hätte der stärkere Fokus auf Erfolg und Status bei ihnen ziemliche Entwicklungsprozesse ausgelöst, die sie sich ansonsten nicht hätten vorstellen können.

Diese Beobachtungen sind insofern spannend, weil gerade Leute, die in eine andere Kommunikationskultur ganz eintauchen, oft die interessanteren Entdeckungen machen. Sie erkennen, wie die Veränderungen im eigenen Kommunikationsverhalten auch zu anderen emotionalen Erfahrungs- und Handlungsmustern führen.

Indem sie nach und nach die »geheimen Regeln« der anderen Kommunikationskultur entziffern, sich in diesem Falle dem anderen Kontext annähern, bekommen sie einen Blick sowohl für den Zugewinn als auch für die Verluste, die mit diesen neuen Kommunikationsformen einhergehen.

Interessant wäre es, genau auf diese Art mit den kommunikativen Unterschieden in Deutschland umzugehen. Zu lernen, sich zwischen den beiden Sprachkulturen komfortabel hin und her zu bewegen, entsprechend der eigenen Absichten, der Situation und des konkreten Gegenübers.

Wie schwierig das im einzelnen oft sein kann, vor allem, solange man selbstverständlich von gleichen Kontexten ausgeht, zeigt folgendes Beispiel aus zwei anderen Sprachkulturen.

Ein berühmter amerikanisch-englischer Kommunikationsschock

»Unter den während des Krieges in England stationierten amerikanischen Soldaten war die Ansicht weit verbreitet, die englischen Mädchen seien sexuell überaus leicht zugänglich. Merkwürdigerweise behaupteten die Mädchen ihrerseits, die amerikanischen Soldaten seien übertrieben stürmisch. Eine Untersuchung, an der u.a. Margaret Mead teilnahm, führte zu einer interessanten Lösung des Widerspruchs. Es stellte sich heraus, daß die Annäherung zwischen Männern und Frauen –

vom Kennenlernen der Partner bis zum Geschlechtsverkehr – in England wie in Amerika ungefähr dreißig verschiedene Verhaltensformen durchläuft, daß aber die Reihenfolge dieser Verhaltensformen in den beiden Kulturbereichen verschieden ist. Während z. B. das Küssen in Amerika relativ früh kommt, etwa auf Stufe 5, tritt es im typischen Paarungsverhalten der Engländer relativ spät auf, etwa auf Stufe 25. Praktisch bedeutet dies, daß eine Engländerin, die von ihrem Soldaten geküßt wurde, sich nicht nur um einen Großteil des für sie intuitiv ›richtigen‹ Paarungsverhaltens (Stufe 5-24) betrogen fühlte, sondern zu entscheiden hatte, ob sie die Beziehung an diesem Punkt abbrechen oder sich dem Partner sexuell hingeben sollte. Entschied sie sich für letztere Alternative, so fand sich der Amerikaner einem Verhalten gegenüber, das für ihn durchaus nicht in dieses Frühstadium der Beziehung paßte und nur als schamlos zu bezeichnen war. Die Lösung eines solchen Beziehungskonfliktes durch die beiden Partner selbst ist natürlich deswegen praktisch unmöglich, weil derartige kulturbedingte Verhaltensformen und -abläufe meist völlig außerbewußt (!) sind. Ins Bewußtsein dringt nur das undeutliche Gefühl: Der andere benimmt sich falsch.« (Watzlawick, »Menschliche Kommunikation«)

Nun sind wir ja heute in ganz anderem Maße für kulturelle Unterschiede sensibilisiert – und auch für die ost-westdeutschen Kommunikationsprobleme. Insofern muß man der Schlußfolgerung von Watzlawick, daß es den beiden Partnern unmöglich sei, solche kulturbedingten Verhaltensformen aufzudecken, nicht zustimmen. Aber man kann an diesem Beispiel faszinierende Beobachtungen machen, die auch für die Ost-West-Kommunikation exemplarisch sind.

Obwohl dieser Kommunikationsschock häufig auftrat und beide Seiten jeweils überrascht und verwirrt waren, blieb das eigentliche Problem lange verborgen. Es wurde zuerst individuell zugeschrieben. Der konkrete Amerikaner sei so und so, die konkrete Engländerin so und so. Da sich das Phänomen häufte, entwickelte sich daraus auf beiden Seiten ein Vorurteil.

Interessant ist, daß diese gegenseitigen Vorurteile zugleich »richtig« und »falsch« waren. Richtig, denn zum einen wurden ja ganz konkrete »Realitäten« beschrieben. Falsch, weil der eigentliche Hintergrund, der Kontext nicht erkannt wurde und weil durch die Herausbildung des Vorurteils der Zugang zu einer Lösung des Konfliktes vollkommen verbaut war.

Man sieht also die immer wieder auftretenden mißlichen Gefühle nicht als »Wegweiser« an, und beide Seiten bleiben fortgesetzt mit den Irritationen und den daraus folgenden Zuschreibungen beziehungsweise Vorurteilen beschäftigt.

Interessant ist an diesem Beispiel, daß obwohl beide Seiten die gleiche Sprache gesprochen haben, dies keineswegs das Auftreten des Kommunikationsschocks verhindert hat.

Im Gegenteil, ebenso wie bei vielen Kommunikationsschocks in Ost und West wußten beide Seiten gar nicht, worüber sie eigentlich hätten reden sollen. Wenn die Beteiligten geahnt hätten, worin die unterschiedlichen Kontexte in bezug auf ihr Annährungsverhalten bestehen, dann hätten sie spielerisch damit umgehen können.

Die Engländerin hätte zum Beispiel fragen können: »Bedeutet dein Kuß jetzt eine leichte Annäherung? Oder bist du schon drauf und dran, mich zu verführen?« (Gilt also dein

Kontext, oder gilt mein Kontext?) Dann hätten beide gemeinsam über das Problem lachen können.

Sie hätten einmal nach dem einen, dann wieder nach dem anderen Annäherungssystem vorgehen können, und schließlich hätten einzelne Paare ihren individuellen und paarbezogenen Stil entwickeln können.

Schwierigkeiten, das Unsichtbare zu benennen

Unterschiedliche Kontexte sind an sich kein Problem. - Wenn man weiß, daß es sie gibt. Wenn nicht, weiß man allerdings auch nicht, woran die Kommunikation scheitert und worüber man eigentlich zu reden hätte.

Der Kuß ist mißverständlich, wenn der Kontext unterschiedlich ist. Und spontan kommuniziert niemand das, was scheinbar »klar« ist. Der amerikanische Mann sagt nicht: »Wenn ich dich jetzt küsse, dann bedeutet das, daß ich mich gerade auf der Stufe fünf des in meiner Kultur normalen Annäherungsverhaltens befinde.«

Erstens weiß er es selbst nicht so genau, weil er normalerweise intuitiv vorgeht. Und selbst wenn er sich genau befragt hätte und wüßte, was er für einen Kontext hat, dann würde er immer noch voraussetzen, bei der Engländerin sei es genauso.

Umgekehrt erfährt er von der Engländerin auch nicht, was er bei ihr wirklich auslöst. Denn sie denkt: »Er muß ja wohl wissen, was er tut, wenn er mich zu diesem Zeitpunkt bereits küßt.«

So sind die Fallen konstruiert, in die wir laufen.

Das gleiche gilt auch für die ost-westdeutsche Kommunikation. Über Dinge, von denen man nichts weiß, die für beide Seiten »außerbewußt« sind, läßt sich schlecht diskutieren. Das erklärt auch das andauernde Unwohlsein. Man spürt Wirkungen, ohne die Ursachen zu kennen.

Die Kardinalfrage lautet also: Wie kann man selbst und wie kann der andere außerbewußte Kontexte aufdecken?

Wann immer Sie sich in einer Kommunikation unwohl fühlen, überrumpelt, mißachtet oder angegriffen, haben Sie eine Wahlmöglichkeit. Sie können in die Fallen laufen, dem anderen oder sich selbst spontan »Schuld« geben oder sich in ein beliebiges Vorurteil flüchten. Dann sitzen Sie beide fest, und die Kommunikation ist früher oder später zu Ende. Die andere Möglichkeit ist, sich selbst und/oder dem anderen direkt oder indirekt bestimmte Fragen zu stellen:

- Kann ich bei dem Gespräch mit dem anderen wirklich den gleichen Kontext (Sprachstrategie, Wertehierarchie) voraussetzen?
- Wie sieht meine Erwartungshaltung (Wertekanon, Kontext) in diesem konkreten Falle aus?
- Was gilt für mich in dieser Situation unausgesprochen, was der andere vielleicht nicht weiß oder gar nicht wissen kann?
- Was gilt für den anderen, in dieser Situation, unausgesprochen?

Sich diese Fragen zu stellen heißt nicht, die Antwort sofort zu finden. Es bleibt trotzdem schwierig, da man ja oft selber nicht genau weiß, was man voraussetzt. Und der andere, den man fragt, weiß es auch nicht unbedingt. Also gilt es, sich behutsam anzunähern. Darin liegt die einzige Chance, nach und nach wirklich etwas aufzudecken.

Es gibt noch ein paar andere Fragen, die in dieselbe Richtung zielen. Dabei geht es darum, das, was von dem anderen wirklich gesagt oder getan wurde, von meiner eigenen Interpretation abzukoppeln:

- Was wurde wirklich gesagt oder getan?
- Was hat der andere wohl damit gemeint?
- Was könnte vielleicht noch gemeint gewesen sein?
- Was ergänze ich intuitiv (richtig oder falsch)?
- Was hat der andere vielleicht (richtig oder falsch) ergänzt?
- Gibt es eine andere Möglichkeit der Interpretation als die, die mir spontan einfällt, die ich spontan fühle?
- Was wurde von dem anderen vielleicht ausgelassen, weil er es als bekannt voraussetzt?
- Was habe ich ausgelassen, weil ich es als bekannt voraussetze?

Soweit ein paar Anregungen, wie man dem »Unsichtbaren«, dem »Außerbewußten« auf die Spur kommen kann: dem, worüber man reden muß, wenn man nicht immer wieder bei den gleichen Irritationen, Kommunikationsschocks und Vorurteilen hängenbleiben möchte.

Das Frustrierende und das Kreative am Kommunikationsschock

Haben Kommunikationsschocks wirklich nur etwas Frustrierendes und Kränkendes? Sicher, wenn man nicht gerade Kommunikationstrainer oder Kommunikationsforscher ist, dann möchte man in erster Linie, daß die Verständigung funktioniert. Wenn man mit seiner »ganz normalen« Art zu reden und zu handeln auf einmal extrem widersprüchliche und frustrierende Erlebnisse hat, will man denen am liebsten ausweichen. Kommen wir noch einmal auf den Amerikaner zurück. Er hat in Amerika schon einige Frauen in der ersten Stunde des Kennenlernens geküßt. Und das ging immer gut. Jetzt versucht er eine Engländerin zu küssen, und da bekommt er plötzlich eine Ohrfeige.

Beim ersten Mal denkt er: Das war vielleicht die falsche Frau. Dann trifft er noch eine Engländerin. Er bekommt wieder eine Ohrfeige. Da ist er schon ziemlich irritiert. Wenn das wenigstens immer so weiter ginge, dann könnte er sich eines Tages fragen: Was läuft hier falsch?

Aber dann trifft er auf die dritte Engländerin. Die läßt sich von ihm gleich küssen. Er ist erst einmal erleichtert. Ist also doch alles in Ordnung mit ihm. Aber dann nimmt sie ihn nach dem Kino mit nach Hause und ins Bett. Nicht, daß er strikt dagegen wäre. Aber wie soll er sich jetzt noch einen Reim darauf machen? Zumal er bei der nächsten Gelegenheit vielleicht wieder ein paar Ohrfeigen kassiert …

Natürlich, wenn er den Mut und die Geistesgegenwart gehabt hätte, nach der ersten Ohrfeige nachzufragen, was eigentlich los sei, hätte er es vielleicht herausbekommen. Dann wären beide vielleicht auf eine Spur gekommen. Dann hätte sich eher das kreative Potential entfalten können. Beide hätten sich selber, den anderen, ihre Vorlieben und Abneigungen sowie die Differenzen in ihren jeweiligen Kulturen tiefer kennenlernen können.

Nun bekommt man ja zum Glück nicht immer gleich Ohrfeigen. Aber die Frage bleibt dennoch, mit welcher inneren Haltung man an ein auftretendes Kommunikationsproblem herangeht. Mit der Einstellung, es hat alles zu funktionieren, und Irritationen sind nur lästige Störungen, wird auch in der Ost-West-Kommunikation das Kränkende und Frustrierende überwiegen. Damit einher geht, daß man auch wenig über sich selbst und seine Einstellungen erfährt.

Die andere Haltung wäre: »Störungen« als eine Möglichkeit anzusehen, aus scheinbaren Selbstverständlichkeiten herauszukommen, sich selbst und andere besser zu verstehen. Dann könnte man in der Folge kreativer und schöpferischer mit sich selbst, mit anderen und mit den Situationen umgehen, in denen man sich gerade befindet. Eigentlich schöne Aussichten …

Achtung: Dünnes Eis! – Die häufigsten Konflikte

Die Ja-Nein-Falle / Verwirrende Abstimmungen / Direkte und indirekte Form der Auseinandersetzung / Eindämmen oder gezielt eskalieren / Verabredungen treffen / Rote Karte oder Konsens: Entgegengesetzte Versuche, Übereinstimmung herzustellen / Das Problem mit dem öffentlichen und dem persönlichen Raum / Kleider machen Leute – oder nicht? / Fehl am Platz: Witz und Ironie

Die Ja-Nein-Falle

Wer sagt wann ja, wann nein, und was genau bedeutet was? An dieser Frage scheitern viele Ost-West-Verhandlungen, Vertragsabschlüsse und gemeinsame Projekte. Auch die Zusammenarbeit in Teams leidet oft darunter. In intimen Beziehungen kommt es an diesem Punkt häufig zu gegenseitigen Verletzungen.

Ich hörte immer wieder den Vorwurf von Westlern: Ostler würden Vorhaben, Beschlüssen, ja selbst Verträgen erst zustimmen, sie dann aber nicht einhalten oder einfach nicht umsetzen.

Bei Arbeitsbesprechungen in Ost-West-Leitungsteams wurden Vereinbarungen getroffen, doch später hielten sich die Führungskräfte aus dem Osten nicht an die scheinbar einvernehmlich gefaßten Beschlüsse.

Ein Phänomen, das neugierig macht. Auch hier kann man ja erst einmal von dem gegenseitig vorhandenen guten Willen ausgehen. Beide Seiten haben miteinander verhandelt, sie haben Interesse an einem gemeinsamen Projekt gezeigt oder zumindest einer Reihe von Vorschlägen und Plänen nicht widersprochen. Scheinbar wurden also Übereinstimmungen erzielt. Im nachhinein wurden diese aber von der östlichen Seite gar nicht als Übereinstimmung angesehen.

Die Frage ist: Wie wurden die Vereinbarungen genau getroffen? Was waren die verbalen und die nonverbalen Signale, an denen eine erzielte Übereinstimmung auf westlicher Seite festgemacht wurde? Als Vergleichspunkte: Wie treffen Ostler untereinander Vereinbarungen? Wie treffen Westler untereinander Vereinbarungen?

Wie wir bereits im dritten Kapitel gesehen haben, ist die östliche Kommunikationskultur mehr an Übereinstimmung und Konsens orientiert als an Abgrenzung und Profilierung. Die stärkste Form von Abgrenzung oder Dissens ist aber ein klares und offenes »Nein« zu einem Vorschlag oder einem Angebot. Das heißt für jemanden aus dem Osten, daß er in vielen Situationen intuitiv versuchen wird, ein »Nein« zu vermeiden. Dies gilt nicht nur für Verhandlungssituationen, sondern auch in vielen alltäglichen Begegnungen. Für das »Neinsagen« ohne »Nein« zu sagen gibt es ganz verschiedene »Techniken«.

Hier ein kleines Beispiel, wie in einer Gesprächssituation unter Ostlern ein offenes »Nein« vermieden oder – genauer gesagt – ausgespart wird.

»Wollen wir uns vielleicht am Dienstag zusammensetzen?«

»Mir würde eigentlich der Mittwoch besser passen.«

»Ja, gut. Dann aber erst so ab 17.00 Uhr.«

»Ja, noch lieber wäre mir um 18.00 Uhr.«

»Ja, das geht auch, also machen wir das so.«

Es wird also nicht gesagt: »*Nein*, am Dienstag kann ich *nicht*, weil ...«

Sondern es kommt gleich der Satz: »Mir würde eigentlich der Mittwoch besser passen.«

Man kann sagen, daß der Fokus die ganze Zeit auf den gemeinsam zu findenden Termin gerichtet bleibt. Das »Nein« wird umgangen, indem jeweils ergänzende Gegenvorschläge unterbreitet werden.

Die westliche Kommunikationskultur ist stärker an der Ausdifferenzierung, Abgrenzung und Profilierung orientiert. Daher ist eine solche Vermeidung des »Nein« überflüssig. Man kann hier sehr wohl deutlich »Nein« sagen und den Fokus auch selbstverständlich auf die Nichtübereinstimmung legen, ohne damit gleichzeitig Distanzsignale auszusenden.

Die Vermutung liegt nahe, daß es bei den scheinbaren Zustimmungen in den Ost-West-Verhandlungen um eine spezielle Form ging, »Nein« zu sagen, ohne wirklich »Nein« zu sagen.

In Leitungssitzungen mit Führungskräften aus Ost und West geschah häufig folgendes: Am Ende der Zusammenkunft stellte eine Führungskraft aus dem Westen die Frage, ob es noch Einwände gäbe. Niemand brachte Einwände vor. Damit war für den Westler die Zustimmung zu dem Projekt oder der Vorgehensweise gegeben.

Dann zeigte sich aber, daß einige Ostler das beschlossene Konzept nicht umsetzten. Auf Nachfragen hin sagten die

Leute aus dem Osten, sie hätten diesem Projekt niemals zugestimmt.

Kopfschütteln also auf beiden Seiten. Der Westler konnte einfach nicht glauben, daß die Ostler nicht zugestimmt hatten. Schließlich hatte er ja ausdrücklich nach Einwänden gefragt. Die Ostler fragten sich, warum der Westler ihnen unterstellte, daß sie zugestimmt hätten, obwohl sie doch selber genau wußten, daß sie nicht zugestimmt hatten.

Ein Dilemma, das genaues Nachfragen provozierte.

Wurde wirklich ausdrücklich gefragt, ob es noch Einwände gäbe? Ja.

Hatten Leute aus dem Osten an dieser Stelle wirklich nichts gesagt? Ja. – Und warum?

Weil sie keine *speziellen* Einwände hatten. Sie haben aber das ganze Vorgehen bzw. das ganze Projekt abgelehnt.

Erstaunte Rückfrage: »Warum haben Sie das denn nicht gesagt?«

Die erstaunte Antwort: »Aber wir haben es doch gesagt.«

An diesem Punkt war die Irritation perfekt. Der Westler sagte: »Sie haben doch eben gesagt, daß Sie nichts gesagt haben. Also haben Sie doch nicht ›Nein‹ gesagt.«

Die Antwort: »Wir haben geschwiegen. Damit haben wir eindeutig ›Nein‹ gesagt. Wenn wir zugestimmt hätten, dann hätten wir ausdrücklich ›Ja‹ gesagt. Das hat aber keiner getan.«

Damit war das Problem aufgedeckt. Wie sich später an vielen anderen vergleichbaren Situationen zeigte, gibt es eine eindeutige Tendenz:

Schweigen bedeutet in der östlichen Kommunikationskultur: »Nein«.

Schweigen bedeutet in der westlichen Kommunikationskultur: »Ja«.

Im Osten vermeidet man die offene Konfrontation und schweigt, wenn man nicht einverstanden ist. Das Gesetz heißt hier: Solange ich nicht ausdrücklich verbal oder nonverbal mit Kopfnicken oder Handschlag (!) zugestimmt habe, bin ich noch immer dagegen und nicht einverstanden.

Wenn man sich unter diesem Aspekt Verhandlungssituationen und Leitungssitzungen von Ostlern ansieht, bemerkt man etwas Interessantes, aus westlicher Perspektive eigentlich Überflüssiges: Wenn nach der Frage, ob es noch irgendwelche Einwände gibt, alle schweigen, wird noch einmal explizit nachgefragt.

»Das heißt also, daß wir jetzt so und so verfahren und dies und das als beschlossen gilt?« Und dann wird die ausdrückliche Zustimmung jedes einzelnen eingeholt.

In der westlichen Kommunikationskultur ist eine vergleichbare Sitzung bereits beendet, wenn niemand mehr einen Einwand hat. Darin ist die Zustimmung zu dem Projekt oder Vorhaben bereits eingeschlossen. Es ist einfach jedem klar, daß man widerspricht, wenn man nicht einverstanden ist. Das gleiche gilt für einen Vertrag: Wer nicht widerspricht oder Vorbehalte geltend macht, der ist einverstanden.

Wenn man diesen Kontextunterschied kennt, spart man sich eine Menge Ärger und Streß. Sollten Sie als Westler mit Ostlern zu tun haben, fragen Sie noch mal nach – vor allem, wenn Ihnen eine Sache wirklich wichtig ist.

Wenn Sie aus dem Osten kommen, es mit Westlern zu tun haben und Sie viel Verwirrung vermeiden wollen: Sagen Sie deutlich »Nein«, wenn Sie »Nein« denken. Auch wenn es im ersten Moment schwer fällt. Sie sparen sich eine Menge Streß, der meistens etwas später folgt.

Das Prinzip gilt natürlich auch in der privaten Kommunikation, zum Beispiel in gemischten Beziehungen:

Wenn Sie als Westfrau vorschlagen: »Ach, laß uns doch heute abend essen gehen«, und es kommt von Ihrem Ostmann zwar keine Begeisterung zurück (die Sie eigentlich erwarten), aber auch kein »Nein«, dann sollten Sie sich nicht zu früh freuen.

Dann könnten Sie nämlich ganz schön überrascht sein, wenn Sie am Abend plötzlich erfahren, daß Sie gar keine Verabredung haben. Der Ostmann sagt dann vielleicht ganz gelassen zu Ihnen, daß er zu Ihrem Vorschlag schließlich niemals »Ja« gesagt habe.

Wenn Sie sich dann an den Kopf fassen und schon etwas lauter fragen: »Und warum hast du nicht einfach ›Nein‹ gesagt?«, dann wissen Sie jetzt schon, was als Antwort kommen wird. Und entweder können Sie dann gemeinsam darüber lachen, oder der Abend verläuft einfach verdammt schlecht.

Verwirrende Abstimmungen

Wenn mehr als zwei Leute beisammen sind und es darum geht, welches gemeinsame Ziel man verfolgt oder was man gemeinsam macht, kommt es in Ost-West-Konstellationen auch ziemlich oft zu einem Kommunikationsschock. Der kann von einer freudigen Überraschung oder von reiner Verzweiflung begleitet sein.

Hier drei Beispiele, die auf den ersten Blick scheinbar wenig miteinander zu tun haben:

Nach einem Theaterbesuch will eine gemischte Gruppe noch etwas trinken gehen. Fast alle sind aus dem Osten. Eine Frau kommt aus dem Westen. Die möchte unbedingt auch etwas essen, alle anderen wollen nur trinken. Nun gibt es eine gute Möglichkeit, in unmittelbarer Nähe etwas trinken zu gehen, während eine Gaststätte, in der man auch etwas zu essen bekommt, deutlich weiter entfernt ist. Die Westlerin beginnt nun, auf einzelne zuzugehen und zu argumentieren, was alles für den weiteren Weg sprechen würde. Jemand aus dem Osten bekommt das mit und sagt: »Was machst du da eigentlich?«

»Na, ich versuche, die Mehrheit davon zu überzeugen, doch den weiteren Weg zu gehen.« Daraufhin die überraschte Rückfrage: »Wieso denn Mehrheit? Wenn jemand auch essen möchte, dann gehen natürlich alle den weiteren Weg zu einem Ort, wo man essen und trinken kann.«

Zweites Beispiel: In einer gemischten Teamsitzung soll über ein Problem entschieden werden. Durch eine Reihe von Vorabsprachen steht die Mehrheit bereits vor der formalen Abstimmung eindeutig fest. Da steht ein Mitarbeiter aus dem Osten – Vertreter der Minderheit – auf und hält eine »flammende« Rede. Die meisten lehnen sich zurück und gähnen. Die Argumente werden gar nicht mehr gehört. Kommentare im nachhinein: »Der hat doch nicht ernstlich geglaubt, er könne die Mehrheit noch einmal zum Kippen bringen?«

Drittes Beispiel: Bei einer vereinsinternen Auseinandersetzung kommt es nach langen Debatten zu einer Abstimmung. Die Mitglieder aus dem Osten fahren aber auch nach der Abstimmung (in der sie unterlegen waren) fort, weiter zu diskutieren und zu argumentieren, so, als hätte es den Mehrheitsbeschluß gar nicht gegeben. Die Teilnehmer aus dem Westen sind entrüstet bis verzweifelt. Wie können so differenzierte Leute aus dem Osten im Ernst meinen, daß eine Minderheit eine Mehrheit dominieren kann?

Scheinbar geht es also in allen drei Beispielen immer um die Frage von Mehrheit oder Minderheit. Wenn man aber genauer hinsieht, geht es um etwas anderes. Es sind im Hintergrund zwei unterschiedliche Kontexte im Spiel. Diese treffen aber so aufeinander, daß sie für beide Seiten »außerbewußt« bleiben, und dadurch wird es komplizierter, als es sein müßte.

Was passiert also genau bei unterschiedlichen Interessen, Zielen und Bedürfnissen in gemischten Gruppen?

Die einen, meistens aus der westlichen Kommunikationskultur, bemühen sich intuitiv und vollkommen selbstverständlich, auf eine offene oder verdeckte Art und Weise eine Mehrheit zu finden oder herbeizuführen.

Man weiß genau, wenn es zur Abstimmung kommt, setzt sich »natürlich« der Vorschlag durch, für den die meisten stimmen. Zwar weiß man durchaus, daß Mehrheiten auch aus merkwürdigen Konstellationen entstehen und daß eine Mehrheitsentscheidung aus einigem Abstand betrachtet nicht unbedingt die bessere sein muß. Aber so sind nun mal die Spielregeln. Punkt.

Die anderen, aus der östlichen Kommunikationskultur, bemühen sich in Gruppensituationen oft nicht von vornherein wirklich effizient um Mehrheiten. Aus bestimmten Gründen halten sie Mehrheitsentscheidungen nicht für die beste, sondern eher für die letzte Möglichkeit. Ihnen ist bewußt, daß Mehrheitsentscheidungen immer Minderheiten hervorbringen. Aus östlicher Sicht werden aber überstimmte Minderheiten auch als unterdrückte Minderheiten wahrgenommen. Diese können subtilen Widerstand leisten und später ein bestimmtes gemeinsames Vorgehen boykottieren.

Von daher gibt es im Prozeß der Zielfindung und des Interessenausgleichs intuitiv eine starke Präferenz für eine Konsenslösung. Sowohl wenn man sich in der komfortablen Mehrheitssituation, als auch wenn man sich in der Minderheitensituation befindet. Es wird immer stärker nach »Sowohl-als-auch-Lösungen« und nicht so sehr nach »Entweder-Oder-Lösungen« gesucht.

Solche Konsenslösungen zu finden oder zu entwickeln dauert allerdings erfahrungsgemäß deutlich länger. Außerdem geraten die, die sich lange um einen Konsens bemühen, in einen strategischen Nachteil, was das Werben für den eigenen Standpunkt und die Schaffung von Mehrheiten angeht.

Wenn wir uns daraufhin noch einmal die drei Beispiele ansehen, sind sie nicht mehr so unverständlich.

Bei der Theatergruppe geht die Mehrheit der Ostler ganz selbstverständlich vom Konsensprinzip aus. Das, was für alle in der Gruppe funktioniert, hat eindeutig den Vorrang vor einer Mehrheitsentscheidung.

In dem zweiten Beispiel ging es dem Mitarbeiter aus dem Osten eben nicht darum, eine Mehrheit zu kippen, wie es von den westlichen Mitarbeitern angenommen wurde. Er wollte lediglich doch noch einen Konsens herbeiführen. Allein dieses Ansinnen wurde von den Beteiligten (auch im nachhinein) jedoch nur als ein Finte, ein Trick gedeutet, um auf diese Weise doch noch die Mehrheiten zu verändern. Ein anderer Kontext kam gar nicht in Betracht.

Auch in der dritten Situation war das Ziel der Argumentation nicht, aus einer Minderheitensituation heraus eine Mehrheit zu »dominieren«, sondern mit Hilfe eines Konsens als Gruppe insgesamt besser voranzukommen als mit dieser – inzwischen bereits erfolgten – Abstimmung.

Mehrheitsentscheidungen werden von der östlichen Seite oft als übereilt, einseitig und unfair wahrgenommen, weil grundsätzlich unterstellt wird, daß auch ein Konsens hätte erreicht werden können. Umgedreht zweifelt die andere Seite oft an der Demokratiefähigkeit derjenigen, die nicht bereit sind, Mehrheitsentscheidungen einfach zu akzeptieren. Das eigentlich intendierte Konsensprinzip ist für sie gar nicht als ein solches zu erkennen.

Ein Verstehen des Kontextes und der eigentlichen Intentionen kann die Mißverständnisse schnell abmildern und den Blick für andere Formen der Konfliktlösung schärfen.

Direkte oder indirekte Form der Auseinandersetzung

Nicht weit entfernt von dem Thema der Mehrheits- oder Konsensfindung ist die Frage, wie man glaubt, sich in verschiedenen Situationen am effektivsten durchsetzen zu können. Dabei kann man eine unterschiedliche Verteilung der »direkten« und der »indirekten« Form des Einsatzes von Macht in West und Ost beobachten.

Spontan könnte man denken, daß der, der direkt vorgeht, dabei im Vorteil ist. Das ist aber nicht unbedingt der Fall.

Interessanterweise klagen vor allem Westler, die im Osten arbeiten, darüber, daß sie frustriert sind, weil sie sich zwar vordergründig leicht durchsetzen können, aber dennoch das

Gefühl haben, irgendwie »steckenzubleiben«, blockiert zu werden und nicht wirklich voranzukommen.

Sehen wir uns zuerst den Kontext der westlichen Kommunikationskultur an, die die direkte Form der Auseinandersetzung bevorzugt.

Dazu gehört der Glaube, daß man auf direkte Weise leichter und schneller ein bestimmtes Ziel erreichen kann. Selbstverständlich erwartet man auch, daß man es in der Auseinandersetzung mit anderen zu tun hat, die ebenfalls direkt vorgehen, die auch versuchen, sich durchzusetzen. (Zum Beispiel ihre Sache überzeugender darzustellen, Mehrheiten zu finden.) Man wappnet sich gegen offene, vielleicht auch machtvolle Auseinandersetzungen und entwickelt dementsprechende energische und druckvolle Strategien.

In der östlichen Kommunikationskultur werden Auseinandersetzungen eher auf dem indirekten Weg ausgetragen. Dabei weicht man der konfrontativen Auseinandersetzung nach Möglichkeit aus.

Von der indirekten Form der Auseinandersetzung verspricht man sich, durch das Ausloten von Handlungsräumen, durch Interessensausgleich und Konsensfindung eher ans Ziel zu kommen, als mit der Hilfe von Macht oder Druck Widerstände zu beseitigen oder niederzukämpfen.

Hat man es mit jemandem zu tun, der das direkte Vorgehen bevorzugt, dann unterstützt oder toleriert man ihn, solange man auf seiner Seite steht. Wenn der gegen die eigenen Interessen handelt oder gar auf Konfrontationskurs geht und sich einseitig durchsetzen will, dann hält man nicht hart dagegen, sondern bremst den anderen aus und blockiert ihn in seinem Vorgehen.

Man läßt ihn einfach ins »Leere laufen« oder »gegen die

Wand fahren«, bis er von sich aus einlenkt und beginnt, einen Konsens oder zumindest einen Kompromiß zu suchen.

Das Dilemma in der ost-westdeutschen Kommunikation besteht für den Westler oft darin, daß er die indirekte Form der Auseinandersetzung gar nicht als eine solche erkennt. Da ihm kein offener Widerstand entgegengebracht wird, denkt er, es gäbe gar keinen Widerstand, bzw. er befinde sich gar nicht in einer wirklichen Auseinandersetzung. Er merkt nur sehr diffus, daß irgend etwas nicht stimmt.

Das Problem des Ostlers besteht darin, daß der Westler die Zeichen der indirekten Auseinandersetzung oft gar nicht wahrnimmt und deshalb nicht richtig deuten kann. Dadurch kann der Westler nicht wirklich darauf reagieren, und von daher führt diese Art der indirekten Auseinandersetzung nicht zu dem erwünschten Ziel. Jeder kämpft auf einer anderen Ebene.

Das indirekte Vorgehen, dieses Ausbremsen, zu vergleichen am ehesten mit den Formen des passiven Widerstandes, ist auch ziemlich hart, obwohl es an der Oberfläche gar nicht danach aussieht.

Deswegen wird auf dieses Vorgehen innerhalb der östlichen Kommunikationskultur sehr sensibel registriert und es führt sehr schnell zum Einlenken, zur Aussprache und zur Klärung.

Genau das erwartet der Ostler in solchen Situationen auch vom Westler. Der aber weiß gar nicht, was von ihm eigentlich erwartet wird. Er nimmt zwar die sich immer weiter auftürmenden Schwierigkeiten wahr, da es aber nicht zu einer offenen und direkten Auseinandersetzung kommt, ist er sich des dahinterstehenden Machtkampfes nicht wirklich bewußt.

So kommt es oft zu einer diffusen Pattsituation. Der direkt

Vorgehende kommt nicht voran, egal wie viel Druck und Energie er einsetzt. Der indirekt Vorgehende verhindert zwar, daß der andere sich durchsetzt, kann selber aber auch nicht gewinnen, da eine Konfliktlösung auch auf seiner Ebene nicht stattfindet.

Allein an diesem einen Kontextunterschied sind bereits einige Kleinunternehmen gescheitert. Nicht weil die Konflikte unüberwindbar gewesen wären, sondern weil die unterschiedlichen Formen der Auseinandersetzung nicht erkannt und diese von daher auch nicht fruchtbar geführt werden konnten.

Eindämmen oder gezielt eskalieren

Auch hierbei geht es um unterschiedliche Durchsetzungs- und Auseinandersetzungsstrategien in Ost und West. Bei dem Versuch, diese Auseinandersetzungen zu führen und tragfähige Kompromisse zu finden oder zu entwickeln, kommt es zu merkwürdigen Zuschreibungen. Meistens wird der jeweils anderen Seite abgesprochen, überhaupt an einer wirklich fairen und konstruktiven Auseinandersetzung interessiert zu sein.

Dem Ostler wird vorgeworfen, er würde seine Argumente nicht offen vorbringen, er würde sich zurückhalten, ausweichen und obendrein völlig unbegründet sehr schnell persönlich beleidigt reagieren.

Dem Westler dagegen wird vorgeworfen, er wäre unfair in seinem Vorgehen. Er würde durch Eskalation und persönliche Angriffe versuchen, seine Argumente durchzubringen. Wenn er von sich selber und seiner Meinung überzeugt wäre, hätte er es nicht nötig, diese mit einer solchen Vehemenz und Aggressivität vorzutragen.

Sehen wir uns an, was hinter diesen Zuschreibungen steckt.

Wenn man – geprägt von der östlichen Kommunikationskultur – bestimmte Auseinandersetzungen unter Westlern anschaut, hat man das Gefühl, daß Westler wegen irgendwelcher Nichtigkeiten – bildlich gesprochen – mit Fäusten und Messern aufeinander losgehen. Die Härte und Dramatik der Auseinandersetzung, die Formen der Eskalation erscheinen einem völlig unangemessen und zutiefst verletzend.

Um so mehr ist der Ostler erstaunt, wenn die westlichen Kontrahenten nach ihrem Scharmützel einträchtig beieinanderstehen, als wäre überhaupt nichts geschehen. Er kann sich keinen Reim darauf machen.

Wenn man – von westlicher Warte aus – Auseinandersetzungen unter Ostlern beobachtet, kann es wiederum den Anschein haben, als ob es da gar nicht um eine wirkliche Auseinandersetzung ginge. Immer wieder werden Gemeinsamkeiten betont, Widersprüche werden schnell geglättet oder eingeebnet. Bevor noch ganz klar ist, wo überhaupt die Konflikte liegen, wird schon wieder nach Übereinstimmungen gesucht. Es scheint eher eine diffuse Gemengelage vorzuliegen als ein Gegensatz; die Kontrahenten scheinen selber nicht so genau zu wissen, was sie wirklich wollen. Daß dabei am Ende tragfähige Kompromisse oder Entscheidungen herauskommen, ist für den Außenstehenden eher überraschend.

Sehen wir uns die Kontexte an.

Es gibt auf der westlichen Seite einen, der heißen könnte: Gezielte Eskalation ist eher hilfreich als hinderlich. Auseinandersetzungen werden als eine Art sportlicher Wettkampf aufgefaßt. Auch wenn sie hart geführt werden, hindert einen das überhaupt nicht daran, danach mit seinem Kontrahenten ein Bier oder einen Kaffee trinken zu gehen. Die Eskalation zielt nicht wirklich auf eine Verschärfung der Situation oder Ausweitung des Konfliktes. Man versucht lediglich, die Unterschiede und die Meinungsverschiedenheiten deutlicher sichtbar zu machen und gegeneinander zu stellen. Je klarer diese Unterschiede herausgearbeitet werden, um so eher läßt sich später ein Kompromiß finden. Je undeutlicher die Konturen bleiben, um so schwieriger ist es, auf diesem Weg zum Ziel zu kommen.

Auf der östlichen Seite gibt es einen Kontext, der in etwa heißen könnte: Vorsicht vor Eskalationen. Diese führen leicht zu persönlichen Verletzungen. Wenn es aber zu Störungen auf der Beziehungsebene kommt, sind effektive Kompromisse auf der Sachebene kaum noch zu erreichen. Es geht also darum, Eskalation beinahe um jeden Preis zu vermeiden. Solange man nicht vorhat, ein Trümmerfeld zu hinterlassen und jede Verständigung zu zerstören, ist man vorsichtig und behutsam im Umgang miteinander, egal, um welches Thema es bei der Auseinandersetzung geht. Man könnte auch sagen, die persönliche Ebene und die Sachebene liegen viel dichter beieinander. Jeder Kompromiß, so die herrschende Vorstellung innerhalb dieses Kontextes, entsteht oder erwächst aus einem Klima von persönlicher Verbundenheit und gegenseitiger Wertschätzung.

Je mehr also jemand aus dem Westen versucht, jemanden aus dem Osten herauszufordern, sich zu positionieren und sich wirklich (in einem sportlichen Sinne) auseinanderzusetzen, um so eher bekommt sein Gegenüber den Eindruck, es gehe hier nicht um einen fairen Meinungsstreit, sondern lediglich um eine Provokation oder um persönliche Beleidigungen.

Je mehr der Ostler nun seinerseits ausweicht, sich gerade nicht positioniert, auf die offene Auseinandersetzung nicht eingeht, um so weniger sieht der Westler in ihm einen ernstzunehmenden Gesprächspartner. Der Ostler tritt, sportlich gesehen, gar nicht wirklich gegen ihn an. Und selbst wenn er antritt, dann setzt er sich offensichtlich nicht wirklich mit seiner ganzen Kraft ein.

Also: Als Ostler könnten Sie daher vor allem versuchen, die kämpferischen Aspekte nicht persönlich zu nehmen, sondern sie eher als sportlichen Wettkampf anzusehen. Sie als Westler könnten dagegen den engen Zusammenhang von Sachebene und persönlicher Ebene in der östlichen Kommunikationskultur stärker im Auge behalten und sich fragen, ob ein bestimmtes Maß an Eskalation dem Thema oder der Situation wirklich angemessen ist.

Verabredungen treffen

Liegen die Empfindlichkeiten beim Thema der Eskalation eher auf der Seite der östlichen Kommunikationskultur, ist es beim Thema Verabredungen treffen genau umgekehrt.

Wenn sich Westler kennenlernen und gegenseitig versichern, weiter in Kontakt bleiben oder sich wiedersehen zu wollen, bedeutet das noch nicht besonders viel. Ob es sich dabei um eine bloße Floskel handelt oder ob es ernst gemeint ist, zeigt sich erst später. Wenn er oder sie gleich am nächsten

Tag anruft, dann kann man wirklich von sehr großem Interesse ausgehen. Nach drei Tagen ist mittleres Interesse anzunehmen, nach einer Woche geht es gerade noch so, und sind erst einmal zwei Wochen verstrichen, ist die Zusage, sich zu treffen, praktisch gelöscht.

Ganz anders verhält es sich in der östlichen Kommunikationskultur. Wenn man sagt, daß man in Kontakt bleiben und sich wiedersehen will, bedeutet das, daß man es wirklich so meint. Ansonsten würde man es nicht äußern.

Man würde natürlich auch nicht sagen, daß man den anderen nicht mehr sehen will. Man würde einfach gar nichts sagen. Denn wenn der Ostler nichts sagt, dann hat er »Nein« gesagt. Das heißt aber umgekehrt, daß er sich seiner ausdrücklich geäußerten Zusage auch mehr verpflichtet fühlt.

Bei Ost-West-Begegnungen ergeben sich daraus dann oft interessante Verwicklungen: Jemand aus dem Osten ruft vier Wochen nach einer ersten Begegnung mit einem Westler an und nimmt den Faden genau da auf, wo das erste Kennenlernen endete.

Sie als Westler sind dann wahrscheinlich dreifach verwirrt, erinnern sich mühsam an den Namen und kaum an das Gespräch.

Zum einen fühlen Sie sich überrumpelt, vielleicht auch überrascht oder enttäuscht, weil der andere sich ja »damals« – das heißt: gleich danach – nicht gemeldet hat. Zum zweiten sind Sie verblüfft, daß der andere sich jetzt, nach so langer Zeit – und dann auch noch ohne jede Entschuldigung für sein langes Schweigen – wieder meldet. (Warum tut er das? Was will er?) Und drittens sind Sie perplex wegen der für Sie ziemlich unverständlichen Vertraulichkeit. Daß der

Ostler nämlich so zu plaudern beginnt, als hätte zwischen dem ersten Gespräch und dem jetzigen Anruf nicht eine Ewigkeit gelegen. Das paßt irgendwie alles nicht zusammen. Entsprechend reserviert werden Sie auch reagieren.

Sie als Ostler wiederum können diese Reserviertheit nicht verstehen. Sie hatten doch gesagt, daß Sie sich melden werden, und jetzt melden Sie sich. Wo ist das Problem?

Umgekehrt sind Sie als Ostler wahrscheinlich eher genervt, wenn jemand in einem kurzen Zeitraum dreimal bei Ihnen anruft, nur um Ihnen zu sagen: »Hallo, ich habe gerade keine Zeit, mit Ihnen zu sprechen.« Dieses »Kontaktieren« finden Sie ziemlich frustrierend. Denn entweder will der andere wirklich mit Ihnen sprechen, dann soll er das auch tun, und wenn nicht, dann braucht er auch nicht anzurufen.

Wenn wir uns die Kontexte ansehen, ist das unterschiedliche Vorgehen und die unterschiedliche Deutung des Vorgehens schnell klar. Denn die Zeit vergeht im Osten anders als im Westen.

Der an Abgrenzung orientierte, höfliche Westler weiß, daß Zeit sehr schnell vergeht und Bekanntschaften erst einmal nur »Kontakte« sind. Die sind flüchtig und lösen sich quasi von alleine wieder auf, wenn sie nicht schnell und in kurzen Intervallen bestätigt werden. Das muß nicht viel sein. Ein kurzes »Ich denke an Sie, habe im Moment aber viel zu tun« reicht oft schon. »Kontaktpflege« wird das genannt. Denken wir an die inneren Sprachräume. Jeder ist für sich. Wenn man sich nicht »kontaktiert«, ist da nichts mehr.

Im Osten hingegen gilt – wie wir gesehen haben – statt »mein« und »dein«, wenn nichts anderes gesagt ist, viel schneller ein »wir gemeinsam«.

Die gegenseitige Zusage, sich wieder zu melden, begründet eine Verbindung. Wenn der andere oder man selbst sich nicht umgehend meldet, bedeutet das nicht »kein Interesse« oder »aus den Augen aus dem Sinn«. Wahrscheinlich hat der andere im Moment viel zu tun. Wenn er oder sie Zeit hat, meldet er sich und umgekehrt.

Wenn man sich dann aber meldet, wird das Gespräch an dem Punkt aufgenommen, wo es zuletzt endete. Auch wenn Wochen oder sogar Monate dazwischen liegen. Die Grundannahme im östlichen Kommunikationskontext ist nämlich: Die Verbindung gilt, solange ich nichts Gegenteiliges erfahre. Die Zeitspanne, die verstreichen darf, bevor das Gefühl der Verbindlichkeit verlorengeht, ist nach meinen Umfragen im Osten etwa zehnmal so lang wie im Westen.

Hatten wir eingangs gesagt, ein, zwei Tage (Westzeitmessung) entspricht »sehr großem Interesse«, dann kann man sich in der Ostzeitmessung bis zu zehn Tage Zeit lassen, um genau das gleiche Interesse auszudrücken. Bei »großem Interesse« stehen sich drei Tage im Westen und ein Monat im Osten gegenüber, bei einem »geht so« stehen eine Woche im Westen und zwei Monate im Osten zur Debatte, und um von einem offensichtlich erloschenen Interesse auszugehen, stehen sich im Westen zwei Wochen und im Osten vier Monate als ein ungefährer Zeitraum gegenüber.

Was diese Unterschiede für das individuelle Lebensgefühl in den beiden Kulturen bedeuten, läßt sich leicht ermessen. Auf der einen Seite viele Kontakte, mehr Chancen, mehr Anknüpfungspunkte, aber eher wenig Zeit, sich wirklich einzulassen. Auf der anderen Seite ein größeres Gefühl von innerer Verbundenheit und damit einhergehend intensivere Beziehungen, aber weniger Kontakte, Chancen und Anknüpfungspunkte. Vor allem aber auf beiden Seiten Mißverständnisse über das Maß gegenseitiger Wertschätzung.

Rote Karte oder Konsens: Entgegengesetzte Versuche, Übereinstimmung herzustellen

In vielen Situationen zeigt sich, daß Ost-West-Auseinandersetzungen von östlicher Seite her eher »personalisiert« werden, in dem Sinne, »wir wollen doch eine spezielle, persönliche, uns beide zufriedenstellende Lösung finden«, während die westliche Seite eine »objektivere« Form der Konfliktlösungsstrategie verfolgt, im Sinne von »wir wollen eine generelle Lösung für diesen Konflikt suchen und finden«.

Beispielhaft zeigten sich diese unterschiedlichen Strategien bei einem klassischen Streit zwischen Nachbarn, bei dem Westler die Ostler als egoistisch, anarchistisch und diktatorisch (im Sinne von undemokratisch) bezeichneten, während Ostler die Westler egoistisch, autoritätshörig und prozeßsüchtig nannten. Beide Seiten fühlten sich von der Kommunikation und dem Vorgehen der anderen genervt.

Auffällig sind hier die merkwürdig widersprüchlichen Zuschreibungen: anarchistisch und diktatorisch auf der einen Seite, autoritätshörig und prozeßsüchtig auf der anderen Seite.

Folgendes war geschehen: Wann immer ein Konflikt auftrat, kamen die Nachbarn aus dem Westen und sagten, sehr freundlich, daß dies und das, was die Nachbarn aus dem Osten gerade taten oder unterließen, nicht den Gesetzen entspräche. Die Ostler fragten dann jedesmal zurück, ob die Westler ein spezielles Problem hätten. Wenn ja, dann sollten sie es doch direkt vorbringen, dann könne man ja darüber reden.

Darauf entgegneten die Westler: Es ginge hier nicht um persönliche Vorlieben und Wünsche, sondern darum, was gesetzlich festgelegt sei und daß man sich daran halte.

Worauf die Ostler wiederum sagten, es interessiere sie nicht, was da irgendwo festgelegt wäre, aber wenn es die Nachbarn persönlich störe, dann mögen sie es doch direkt sagen, und dann könnte man ja leicht einen Kompromiß finden. Worauf die Westler sagten, daß die Gesetze für alle gelten, auch für die Ostler, ob es ihnen nun passe oder nicht.

Die Art und Weise des beinahe ritualisierten Aneinandervorbeiredens weist auf unterschiedliche Kontexte und Wertehierarchien hin. Dabei unterscheidet sich vor allem der Ausgangspunkt, von dem aus versucht wird, eine Übereinstimmung herzustellen.

Für die Ostler bedeutet die Erwähnung der »gesetzlichen Bestimmungen« durch die Westler, daß die andere Seite bereits die höchste und letzte Ebene einer möglichen Eskalation eröffnet hat. An Gesetze überhaupt zu denken setzt für die Ostler voraus, daß alle anderen Möglichkeiten, sich über die gegenseitigen Wünsche und Bedürfnisse auszutauschen, bereits gescheitert sind. Erst nach längeren Gesprächen, nach verschiedenen Versuchen, sich zu verständigen und einen Konsens zu finden, käme man überhaupt auf die Idee, Gesetze zu erwähnen.

Die Westler wiederum hatten eigentlich auch kein Interesse an einer Eskalation und wollten auch nicht indirekt mit einer gerichtlichen Auseinandersetzung drohen. Für sie bedeutete der Rückgriff auf die gesetzlichen Regelungen einen

Orientierungs- und Ausgangspunkt für ein Gespräch, durchaus mit dem Ziel, auch individuelle Absprachen zu treffen.

Interessanterweise läßt sich diese Konfliktlinie auch bei geschäftlichen Auseinandersetzungen immer wieder beobachten.

Verallgemeinernd kann man sagen, daß der östliche Kommunikationskontext eher davon ausgeht, daß ein Konsens relativ leicht zu erreichen ist, wenn man möglichst persönlich und konsensorientiert vorgeht. Motto: Ich komme dir entgegen und erwarte, daß auch du mir entgegenkommst. Und zwar unter Umständen auch weiter, als wir es beide von Gesetzes wegen müßten.

Dahinter steht die Vorstellung, die Bedürfnisse meines Kontrahenten von vornherein zu berücksichtigen, führe weiter als nur zu versuchen, meine eigenen ihm gegenüber durchzusetzen. Es gibt darüber hinaus ein tiefes Mißtrauen in juristische Lösungen. Mit Hilfe des Rechtsweges kann man zwar, wenn die Gesetzeslage gut aussieht, den anderen zu bestimmten Dingen zwingen. Aber der wird es mir zu einem anderen Zeitpunkt mit anderen juristischen Mitteln zurückzahlen. Ein solches Vorgehen wird tendenziell eher als eine Verletzung des Konsensprinzips mit anderen Mitteln begriffen und nicht als Versuch, Gerechtigkeit herzustellen. Dazu kommt, daß Gesetze unterschiedlich ausgelegt werden können, daß der Rechtsweg lang, teuer und der Ausgang bis zuletzt ungewiß ist. Am Ende kommt dabei oft ein Vergleich heraus. Man trifft sich auf halbem Weg. Und das hätte man mit Hilfe des Konsensprinzips schneller und billiger erreichen können. Außerdem stärkt eine persönliche individuelle Einigung wiederum das Vertrauen in das Konsensprinzip.

In dem westlichen Kommunikationskontext ist dagegen

das Mehrheits-, Konkurrenz- und Durchsetzungsprinzip vorausgesetzt. Die juristische Regelung wird von daher eher als eine Eindämmung von Willkür angesehen. Natürlich wird auch hier nach einem Konsens gesucht. Aber man kann nicht davon ausgehen, daß das Konsensprinzip das selbstverständlich vorherrschende Prinzip ist, das man bei dem anderen fraglos voraussetzen kann. Warum sollte sich der andere um meine Bedürfnisse kümmern? Warum sollte er, einfach so, auf meine Wünsche eingehen? Insofern spielen fixierte gesetzliche Regelungen eine größere Rolle und scheinen einfach die solidere Basis zu sein.

Je dichter man mit seinen eigenen Interessen an den Gesetzen ist, um so höher ist die Chance, sich durchsetzen zu können und den anderen zum Einlenken zu bewegen. Genau das gleiche macht der andere. Auch da kommt langfristig betrachtet immer ein Ausgleich zustande. Mal setzt sich der eine durch, dann wieder der andere. Nur passiert das Ganze mit einem größeren Aufwand an Kraft, Zeit und Energie.

Interessant ist, daß sich jetzt in der westlichen Kommunikationskultur die (aus Amerika kommende) Mediation seit einigen Jahren rasch verbreitet.

Dabei ist Mediation als eine spezielle Art der außergerichtlichen Konfliktlösung letztlich nichts anderes als eine Übung und ein Training in der Konsensfindung. Damit wird versucht, konkrete Streitfälle schneller und einvernehmlich beizulegen.

Dadurch wird auch in der westlichen Kommunikationskultur das Konsens- und Verständigungsprinzip wieder stärker reintegriert. Ein Blick über die unsichtbare Grenze, auf die östliche Kommunikationskultur, könnte etwas ganz Ähnliches bewirken.

Ansprüche müssen auch austariert werden, wenn es dafür keine juristischen Festlegungen gibt. Die Regeln gibt der eigene Kontext als »selbstverständlich« vor, bis man plötzlich merkt, daß das, was für einen »normal« ist, für den anderen mal wieder ganz anders ist.

Die Prioritäten in bezug auf den »öffentlichen« und den »persönlichen Raum« werden in Ost und West anders gesetzt. In der westlichen Kommunikationskultur hat der äußere öffentliche Raum Vorrang vor dem persönlichen Raum. Kommt beispielsweise ein Dritter dazu, wenn zwei Menschen in einem sehr privaten Gespräch sind, dringt er in diesen »persönlichen Gesprächsraum« ein, der in der östlichen Kommunikationskultur eher respektiert wird.

Ein Beispiel: Ein Paar, er Ostmann, sie Westfrau, sitzt bei einem Spaziergang im Osten an einem See, vor den Toren der Stadt auf einer Parkbank, die eigentlich groß genug wäre, daß dort vier oder fünf Leute nebeneinander sitzen könnten. Aber offensichtlich gibt es nicht so viele Bänke, daß jedes Paar eine Bank für sich hätte.

Es kommt ein weiteres Paar. Das setzt sich aber nicht auf die Bank, sondern vielleicht zwanzig oder dreißig Meter weiter ins Gras. Vorher aber gehen die Neuankömmlinge zu dem Pärchen auf der Bank und sagen: »Wenn Sie nachher gehen, dann würden wir uns gerne auf die Bank setzen.«

Dem Mann aus dem Osten erscheint diese Kommunikation vollkommen selbstverständlich. Die Frau aus dem Westen wundert sich: Sind das Ostler? Warum sagen die, daß sie sich hier hersetzen wollen und setzen sich dann ein Stück weiter auf den Boden? Warum warten die nicht einfach, bis wir gehen, oder fragen höflich, ob sie sich dazusetzen dürfen?

Im östlichen Kontext genießt der persönliche Raum Vorrang vor dem öffentlichen Raum. Wenn sich das Paar dazusetzen würde, würde aus der persönlich-privaten eine »öffentliche« Kommunikation werden.

Warum das Paar seinen Anspruch dennoch »anmeldet« – im Vertrauen auf ein funktionierendes Konsensprinzip – ist auch klar. Sie machen ihren Wunsch, hier auf dieser Bank zu sitzen, deutlich. Denn wenn der Anspruch nicht deutlich wird, kann auch kein Konsens erzielt werden. So aber passiert folgendes: Das Paar auf der Bank führt das Gespräch zu Ende, und danach überlassen sie den beiden anderen die Bank. So werden der persönliche Gesprächsraum gewahrt und gleichzeitig die Ansprüche per Konsensprinzip austariert.

Der westliche Kontext sieht anders aus. Hier hat der öffentliche Raum und das Recht, ihn zu nutzen, oft den Vorrang. Die höfliche Frage, ob man sich dazusetzen könne, wird als selbstverständlich angesehen, die Störung der Privatsphäre jedoch in Kauf genommen.

Stichproben an verschiedenen Bänken brachten immer dasselbe Ergebnis. Ein Ostpaar setzte sich nicht dazu, wenn bereits ein Paar auf der Bank saß. Westpaare setzten sich dazu, wenn sie Lust hatten, auf einer Bank zu sitzen.

Wenn man die Unterschiede im Kontext nicht kennt, versteht man nicht, wodurch man gerade wieder einen kleinen Kommunikationsschock auslöst. Die Mitteilung des Ostpärchens kann man nicht zuordnen, und außerdem weiß man nicht, wie lange man noch ruhig auf der Bank sitzen kann und wann nach dem Konsensprinzip die Zeit für den Wechsel gekommen ist. Das Verwirrende in der Ost-West-Kommunikation ist, daß die »normale« Nähe und die »normale« Distanz so unterschiedlich empfunden werden. Wir erinnern uns, wenn man sich gegenübersteht, beim Kennenlernen, ist es eher der Westler, der individuell mehr Abstand von seinem Gegenüber haben möchte und der eher das Gefühl hat, der Ostler würde ihm zu nahe kommen.

In bezug auf den privaten Gesprächsraum, den man dem anderen läßt, liegen die Empfindlichkeiten genau umgekehrt, nämlich auf der östlichen Seite. Die indirekten Signale aber, zum Beispiel das Verstummen des Gesprächs, sind für die westliche Seite oft nicht deutbar.

Auch in Restaurants entsteht immer wieder die Frage, was eigentlich den Vorrang hat. Mein Recht, dort zu essen? Auch wenn Plätze knapp sind? Dann kann man sich auch an einen Vierertisch setzen, wenn da schon ein Pärchen sitzt. Wieder hat der öffentliche Raum Vorrang vor dem persönlich-privaten Raum. Oder man sucht sich in einem solchen Fall eher ein anderes Restaurant, weil der persönliche Raum der anderen Vorrang hat. Dann erwartet man natürlich auch, daß sich niemand an den Tisch setzt, wenn man mit einem Partner oder einer Partnerin dort bereits sitzt.

Auch ein bestimmter Servicegedanke ist oft eher an die eine oder die andere Kommunikationskultur angelehnt. Einmal fragt der Kellner nach, ob man noch etwas möchte und gibt damit ein Signal: »Ich habe Sie nicht vergessen, ich interessiere mich für Ihr Wohlergehen.« Oder er hält sich zwar aufmerksam im Hintergrund, fragt aber auf keinen Fall nach und gibt damit das Signal: »Ich respektiere Ihren Gesprächsraum.«

Es gibt auch Mißverständnisse und Probleme in der Kommunikation, die mit der Kleidung zu tun haben. Dabei geht es nicht darum, ob sich Ostler und Westler zu ähnlichen Anlässen gleich oder anders kleiden oder wie markenbewußt sie im einzelnen sind. Es geht um die Frage, ob meine Kleidung auf den anderen wirklich so wirkt, wie ich das glaube.

Kleidung erfüllt zwar vorrangig den Zweck, den Körper vor Hitze und Kälte zu schützen. Darüber hinaus dient sie jedoch dazu, sich dem anderen zu zeigen und sich auf den ersten Blick zu »erkennen« zu geben.

Nach meiner Beobachtung kommt es bei der Ost-West-Begegnung in drei Bereichen zu Problemen in der Deutung der Zeichensprache von Kleidung: einmal in bezug auf das Verhältnis von Kleidung und (verbaler) Kommunikation, dann in dem Verhältnis von Kleidung und Körper (Mimik, Gestik, Haltung) und dann im Verhältnis von Kleidung und Status.

Vorauszuschicken ist dabei folgendes:

Die westliche Kommunikationskultur geht eher davon aus: Wenn etwas von der Sache, von seiner Substanz her gut ist, dann erscheint es auch an der Oberfläche, in der Verpakkung so. Eine wirklich interessante oder gute Sache schlecht zu präsentieren ist folglich einfach ein eklatanter Fehler. Man gibt sich entsprechend wenig Mühe beziehungsweise hat keine Rezeptionsgewohnheiten, um hinter einer schlechten Verpackung nach guter Substanz zu suchen.

Ähnlich wie bei den Vorstellungsstrategien (s. Status vs. Persönlichkeit) geht man innerhalb dieses Kontextes eher davon aus, daß etwas äußerlich interessanter und perfekter daherkommt, als es von seiner Substanz her ist. Also gibt es ein ausgeklügeltes Wahrnehmungssystem, um die gute Präsentation einer eher schlechten Sache (man könnte sagen: eine Mogelpackung) zu durchschauen. Aber die Erscheinung einer Sache und der Inhalt müssen einander entsprechen. Oft werden sie sogar gleichgesetzt.

In der östlichen Kommunikationskultur ist dagegen ein Mißtrauen gegen äußeren Glanz tiefverwurzelt. Innen und Außen, Substanz und Erscheinung können weit auseinander liegen. Hinter zerfallenen Häuserfassaden perfekt instandgehaltene und hergerichtete Wohnungen. In der Kommunikation ist Understatement normal. Man muß erst mal entdecken, wen man da vor sich hat. Man hat gelernt, zwischen den Zeilen zu lesen. In den Beziehungen gibt es weniger äußerliche Freundlichkeit, dafür aber stärkere innere Verbundenheit.

Kurz: Eine schlechte oder behelfsmäßige Verpackung sagt zunächst noch nichts über den Inhalt. Interessanterweise hat die seit zehn Jahren massiv einwirkende Werbung diese Einstellung bisher kaum verändert. Sie hat im Gegenteil zu einem größeren Mißtrauen gegenüber allem geführt, was äußerlich übertrieben gestylt daherkommt.

Wie wirkt sich diese unterschiedliche Grundeinstellung nun auf das Verhältnis **Kleidung und Kommunikation** aus?

Im westlichen Kommunikationskontext kann es leicht geschehen, daß ein Gespräch gar nicht zustande kommt, weil der andere einen bestimmten Minimalcode nicht kennt oder nicht einhält. Ein schlecht sitzendes Jackett, die falschen Schuhe, die zu billige Krawatte, das bedeutet: Der Code ist entweder nicht bekannt oder er wird nicht respektiert. Und das gibt eine rote Karte.

Ein Ostler, der auf Kongressen und Konferenzen oft mit Leuten aus dem Westen zu tun hatte, wunderte sich über merkwürdige Veränderungen in den Gesichtern seiner Gesprächspartner, wenn er anfing zu sprechen. Ein bestimmtes, wohlwollendes Erstaunen, eine erhöhte Aufmerksamkeit, ein plötzliches Interesse wurde ihm da entgegengebracht, das er vorher in der nonverbalen Kommunikation eher vermißt hatte.

Irgendwann wurde ihm klar, daß es etwas mit seiner Kleidung zu tun haben könnte. Die westliche Imageberaterin, die er daraufhin aufsuchte, gab ihm zu verstehen, daß die Farbe und der Stil seiner Jacketts an Körperverletzung grenzten. Kein Wunder also, daß man über seine differenzierten Beiträge so erstaunt war, wenn er sich gleichzeitig so präsentierte.

Das heißt, die angemessene Kleidung kann im westlichen Kontext oftmals die Voraussetzung sein, um überhaupt miteinander ins Gespräch zu kommen.

Natürlich trifft das gleiche Problem auch für Westler im Westen zu. Aber in diesem Maße nicht für Ostler im Osten und auch nicht für Westler im Osten. Die Unterscheidung von Substanz und Erscheinung toleriert weit größere Abweichungen von »der Norm«. Oder anders gesagt, die Kleidung ist im Osten nicht das vorrangige Orientierungssystem bei der Wahrnehmung der anderen Person.

Im Verhältnis von **Kleidung und Körper** sehen die Mißverständnisse zwischen Ost und West anders aus. Die Gesten, die Mimik, die Haltung und die Bewegungen des Gegenübers dienen im östlichen Kommunikationskontext sehr viel mehr als Orientierungssystem. Die Einstellung könnte man vielleicht so umschreiben: Dinge, die man sich kaufen kann (wie zum Beispiel Kleidung), sagen relativ wenig über eine Person aus. Der Gang, die Gestik und Mimik schon eher. Kleidung wird also eher als »Verkleidung« angesehen denn als ein wesentlicher Ausdruck der »Persönlichkeit«.

Im Kontext des Westens lautet die Haltung dagegen eher: »Mit meiner Kleidung zeige ich dir, wer ich bin.« Und: »Für unseren Umgang miteinander sollte dir genügen, was ich dir von mir zeige, wie ich mich präsentiere.« Von daher wird bei der Kleidung nichts dem Zufall überlassen.

Auf einen Ostler dagegen wirkt die Unverhohlenheit, mit der der Wert seiner Kleidung oft begutachtet und eingeschätzt wird, verunsichernd. Bei der kaum kaschierten Suche nach Identifikationsmöglichkeiten, Labels und anderen Signalen fühlt er sich wie eine Art Kleiderständer. Die Sachen, die daran hängen, sind wichtig, er selber nicht so sehr.

Umgekehrt fühlen sich Westler bei Begegnungen im östlichen Kommunikationskontext eher »ausgezogen«. Die Präsentation wird gar nicht gewürdigt. Dafür wird schamlos direkt der »Körper«, die Augen, die Gestik, die Mimik beobachtet.

Wobei es nicht darum geht, ihn mit einem imaginären Schönheitsideal zu vergleichen. Im östlichen Kontext wird versucht, den anderen auf diesem Weg in seiner Eigenheit zu erkennen. Kleidung spielt dabei allenfalls die Rolle einer Ergänzung. Steht sie in »Übereinstimmung« mit Körper, Gestik, Mimik, wird sie als schön empfunden – selbst wenn sie ziemlich schlicht ist. Die Kleidung, die dem entgegensteht, egal wie teuer, wie modisch sie ist, wird eher als störend und hilflos überflüssig empfunden.

Ein kleines Beispiel noch an dieser Stelle. Bei einer Radioumfrage in Berlin wurden Frauen gefragt, wie sie es fänden, daß sich Männer zwar schon etwas mehr um Mode kümmerten, daß sie aber bei der Unterwäsche sparen und die Slips im Zehnerpack kaufen würden.

Bei dieser Reportage wurde jeweils gefragt, ob sie aus dem Osten oder aus dem Westen kämen. Die Antworten der Frauen aus dem Westen bezogen sich, auch bei unterschiedlichen Einstellungen zu der Frage, interessanterweise immer direkt auf die Kleidung. Die Antworten der Frauen aus dem Osten bezogen sich, auch bei unterschiedlichen Haltungen, überwiegend auf das Verhältnis von Kleidung und Körper des Mannes. Die unumwundenste Antwort war: »Es kommt dabei ja wohl mehr auf den Inhalt an.«

Wie wir gesehen haben, spielen Fragen des Status innerhalb der westlichen Kommunikationskultur eine wesentlich größere Rolle als in der östlichen Kommunikationskultur. Statussymbole haben folgerichtig einen hohen Stellenwert, und **Kleidung** eignet sich sehr gut dazu, wirklichen oder vermeintlichen **Status** darzustellen.

Innerhalb des westlichen Kommunikationskontextes gibt es daher ein sehr komplexes und enorm ausdifferenziertes Zeichensystem und viel Übung, bestimmte Statussymbole zu erkennen.

Innerhalb des östlichen Kommunikationskontextes rufen diese Symbole allerdings oft das Gegenteil von dem hervor, was sich der Träger eigentlich erhofft.

Statt der wohlwollenden oder auch neidvollen Beachtung der Statussymbole drängt sich dem Ostler eher der Gedanke auf: Hat er es nötig? Welchen Makel, welches Problem will er damit verdecken? Und er vermutet: Je mehr äußere Statussymbole jemand an oder um sich hat, um so größer wird der persönliche oder innere Mangel sein, der da kompensiert werden soll.

Wie sehr Statussymbole auch in anderer Hinsicht hinderlich sein können, mußte eine westliche Beraterfirma feststellen, die im Osten einfach keine Aufträge bekam. Der Grund: Die Berater waren zu edel gekleidet und fuhren auch zu teure Autos. Was im westlichen Kommunikationskontext eher als Ausdruck von Erfolg und Zuverlässigkeit gilt, heißt in der Ost-Übersetzung etwa so: »Die haben wahrscheinlich ihre Kunden ziemlich abgezockt, sonst würden sie ja nicht solche Autos fahren.«

Als Fazit kann man sagen: Wenn der Ostler im Westen erscheint, sollte seine Kleidung nicht in einem bedrohlichen Maße im Widerspruch zu seiner Persönlichkeit und der Gesprächssituation stehen. Sonst wird er vielleicht als bunter Vogel bestaunt, kommt aber als ernstzunehmender Gesprächspartner nicht in Frage.

Als Westler im Osten ist ebenfalls Vorsicht geboten. Denn auf eine bestimmte Weise bleibt man nackt. Der Blick, die Gesten und die Bewegungen sind in der Wahrnehmung der Ostler viel wichtiger. Und wenn man irgendwie übertreibt, kann man gewiß sein, daß der andere es einem als einen schlecht kompensierten Mangel anrechnet.

Fehl am Platz: Witz und Ironie

Wer Probleme vermeiden will, der sollte in der Ost-West-Kommunikation um Witz und Ironie lieber einen großen Bogen machen. Warum die Trefferquote in der Ost-West-Kommunikation an diesem Punkt gegen Null geht, ist leicht zu erklären.

Witz und Ironie spielen bewußt oder unbewußt mit dem Spannungsverhältnis von Text und Kontext. Beim Witz erzählt man einen bestimmten Text, der in einem bestimmten Kontext sinnvoll ist, neugierig macht und eine Vorstellung weckt. Die gelungene Pointe ist nichts anderes als ein überraschend auftauchender neuer Kontext. Aber der muß auch dem Zuhörer bekannt sein, sonst funktioniert der Witz nicht.

Das gleiche gilt für die Ironie. Nur wenn man mit dem Kontext sehr vertraut ist, kann man die feinen Bedeutungsunterschiede erkennen und die Ironie wahrnehmen. Eine winzige Unsicherheit in dem vorausgesetzten Kontext, und man nimmt die ironisch gemeinte Aussage für bare Münze.

Von daher die kurze und knappe Empfehlung: Vergessen Sie Witz und Ironie, wenn Sie mit der anderen Seite kommunizieren. Das kommt selten an. Und wenn, dann meistens nicht so, wie Sie es beabsichtigten.

Kommunikationsprobleme im Job

Anweisungen geben / Nur wer nichts tut, macht keine Fehler? / Vom Umgang mit der Zeit / Feedback und Selbstdarstellung vor der Gruppe / Sach- und Persönlichkeitsebene / Diskretion und Indiskretion / Der Wert der Worte / Schwarz auf weiß oder Auf Treu und Glauben

Anweisungen geben

Ein Klinikarzt aus dem Westen tritt eine Stelle in einem großen Krankenhaus im Osten an. Nach kurzer Zeit gibt es Probleme, die sich immer weiter zuspitzen. Er sagt, er werde von den Mitarbeitern aus dem Osten boykottiert. Die Mitarbeiter sagen, er sei kein richtiger Chef.

Er sagt, er gebe die Ziele vor und die Richtung an, aber es werde einfach nichts umgesetzt. Die Leute würden ihre Routinearbeiten erledigen, doch er könne keine Veränderungen durchsetzen. Er wisse sich nicht zu helfen, denn er habe keine Lust, Befehle zu geben. Das widerspräche seinem Führungsstil. Früher, als Chef in seiner West-Klinik, hätte er diese Probleme mit seinen Mitarbeitern nie gehabt.

Die östlichen Mitarbeiter sagen, der Chef könne einfach nicht führen. Er würde nur blumige Reden halten. Entweder sei ihm selber nicht klar, was er will, oder er könne es nicht ausdrücken. Er bliebe in seinen Aussagen vage und unklar. Obwohl über das Thema oft gesprochen wurde, gäbe es keine Veränderungen. Man erwarte eine klare Führung und eindeutige Vorgaben. Langsam würde man verzweifeln. Erst sage er nicht, was er wolle, und dann mache er Vorwürfe, daß nichts umgesetzt wird.

Eines von vielen Beispielen, an denen deutlich wird, daß auch in den Vorstellungen von dem, was Führung bedeutet, die Erwartungshaltungen im östlichen und im westlichen Kommunikationskontext weit auseinanderliegen.

Im westlichen Kontext gilt die Prämisse: In irgendeiner Form autoritär zu sein hat schnell einen Ruch von Unterdrückung. Natürlich wird in jeder Institution Macht ausgeübt. Aber bitte nicht so offensichtlich. Die hohe Kunst der Führung liegt gerade darin, zu führen, ohne es die Mitarbeiter direkt spüren zu lassen. Von daher vermeidet man oft direkte Anweisungen. Man gibt den Rahmen vor, die ungefähre Richtung wird besprochen, und dann erwartet man, daß der Mitarbeiter anfängt, innerhalb dieses Rahmens selbständig zu arbeiten, Vorschläge und Lösungen zu entwickeln und nur im Zweifelsfall nachzufragen.

Im östlichen Kontext gilt ein anderes Prinzip. Natürlich mag man auch hier kein autoritäres Vorgehen, sondern schätzt einen freundlichen und persönlichen Umgang. Aber es wird erwartet, daß der Chef klare Vorstellungen hat und diese auch ausspricht; also nicht nur die Ziele und die Rahmenbedingungen vorgibt, sondern auch den Weg dahin aufzeigt. Deswegen ist er ja Chef. Man ist im östlichen Kommunikationskontext nicht empfindlich einer klaren Anweisung oder Vorgabe gegenüber. Man setzt sich auch mit Energie für die Umsetzung ein (zumindest wenn man übereinstimmt), aber man will genau wissen, was von einem verlangt wird. Je allgemeiner und offener ein Anliegen vorgetragen wird, um so geringer ist daher die Chance, daß es umgesetzt wird.

Bei genauerer Betrachtung trifft also die Zuschreibung, Leute aus dem Osten seien autoritätshöriger und unselbständiger, nicht wirklich zu. Sie setzen sich durchaus ein und bringen Dinge energisch voran, aber eben nur, wenn das Ziel und der Weg klar sind.

Im beschriebenen Fall ließ sich die zugespitzte Situation relativ schnell entschärfen, nachdem die Hintergründe auf beiden Seiten klar geworden sind. Zwar fand der Chef es nach wie vor schwierig, direkte und detaillierte Anweisungen zu geben, aber man bewegte sich immerhin aufeinander zu. Vor allem unterstellte man sich gegenseitig nicht mehr Boykott oder Unfähigkeit.

Natürlich tritt dieser Kommunikationsschock auch in der umgekehrten Richtung auf. Wenn eine Führungskraft mit östlichem Kommunikationshintergrund Mitarbeitern mit westlichem Kommunikationskontext allzu detaillierte Vorgaben macht, fühlen sich diese schnell bevormundet und gegängelt. Traut er uns nichts zu? Hält er uns für unfähig? Das sind häufige Beschwerden, die dann der individuellen Persönlichkeit des Chefs zugeschrieben werden, nicht aber dem kommunikativen Hintergrund.

Nur wer nichts tut, macht keine Fehler?

Auch wenn es darum geht, Probleme zu lösen, gibt es einen klassischen, immer wiederkehrenden Vorwurf. Leuten mit einem östlichen Kommunikationskontext wird vorgeworfen, sie seien zu langsam und zeigten zu wenig Initiative. Diese wiederum werfen der anderen Seite vor, sie neige zu hektischer Betriebsamkeit, unabhängig davon, ob es etwas bringt oder nicht. Ein Mentalitätsunterschied, der vor allem deutlich wird, wenn es Probleme gibt, schwierige Situationen zu meistern sind oder unvorhergesehene Dinge passieren. Wenn dann auch noch Mitarbeiter oder gar Führungskräfte aus Ost und West das Problem gemeinsam lösen müssen, dann wird es richtig kompliziert.

Unausgesprochen wird in der westlichen Kommunikationskultur vorausgesetzt, daß man möglichst viel unternehmen muß, um ein Problem zu lösen. »Sich regen bringt Segen« heißt die Devise. Dabei wird selbstverständlich unterstellt, daß einige Lösungsansätze nicht funktionieren, daß Entwürfe und Modelle wieder eingestampft werden und daß auf dem Weg zur Lösung etliche Fehler passieren.

Man geht also keineswegs davon aus, daß die erste Lösung gleich funktioniert. Mit fehlgeschlagenen Versuchen ist man daher großzügiger. Sie zeigen ja zumindest: Da hat sich einer engagiert.

Daß bei dieser Methode viel Energie, Kraft und Zeit investiert werden, nicht immer besonders effizient, wird leichter hingenommen. Der größte Vorwurf innerhalb der westlichen Kommunikationskultur lautet folgerichtig: »Warum haben Sie denn da noch nichts unternommen?«

In der östlichen Kommunikationskultur ist die innere Haltung eher: Wenn ich etwas tue, muß dabei wirklich etwas rauskommen. Sonst kann ich es gleich sein lassen. Von daher lautet in allen möglichen Situationen die Devise: »Erst mal abwarten und Tee trinken.« Lieber länger über eine Lösung oder eine Strategie nachdenken als gleich loslegen. Nachdenken kostet weniger Energie, Kraft, Zeit und Material. Warum soll man sich in Aktivitäten verausgaben, deren Erfolg ungewiß ist? Und manche Probleme lösen sich ohnehin von allein. – Doch wenn man etwas beginnt, dann werden auch Ergebnisse erwartet.

In bezug auf Fehler ist man daher weniger tolerant. Ein mageres Ergebnis oder ein nicht gelöstes Problem kann man nicht mit dem Hinweis auf die aufgewandte Mühe entschuldigen. Der größte Vorwurf innerhalb dieser Kommunikationskultur lautet: »Warum haben Sie sich das nicht vorher überlegt?«

Zusammengefaßt lauten die Problemlösungsstrategien in den zwei kommunikativen Kontexten folgendermaßen: Im Westen: Besser etwas »Ungewisses« tun als »nichts« tun. Im Osten: Besser »nichts« tun als etwas »Falsches« tun.

Ich verwende bei Schlichtungen oft die Metapher vom Hund und von der Katze, die zusammen ein Unternehmen aufbauen wollen: Die Katze ist daran gewöhnt, lange aufmerksam still zu sitzen und wenn es darauf ankommt zuzupacken. Der Hund ist daran gewöhnt, viel in Bewegung zu sein und auch viel zu bellen. Beide erreichen damit meistens die Ziele, die sie erreichen wollen. Aber in der Teamarbeit sieht es dann doch eher schwierig aus. Weil keiner von dem Prinzip des anderen wirklich überzeugt ist.

Vom Umgang mit der Zeit

Eine wesentliche Rolle spielen die unterschiedlichen Vorstellungen von Zeit in Ost und West. Augenscheinlich ist, daß auf der westlichen Seite in vielen Zusammenhängen die Quantität der Zeit eine größere Rolle spielt als die Qualität und daß Geschwindigkeit eher als ein Wert an sich gesehen wird.

In einem Arbeitsprojekt kommt es zwischen den beteiligten westlichen und östlichen Managern immer wieder zu Auseinandersetzungen. Die westlichen Manager fliegen mit dem Flugzeug, weil die Flugzeit zwischen den beiden Städten nur eine Stunde beträgt, während die Fahrzeit mit dem Zug drei Stunden dauert. Sie verstehen nicht, wie man »freiwillig« eine längere Reisezeit in Kauf nehmen kann, und wollen die östlichen Manager davon überzeugen, ebenfalls den Flieger zu nehmen. Die fahren weiter Bahn und rechnen ihren Kollegen etwas anders vor. Die Einsparung von zwei Stunden, behaupten sie, sei nur eine Fiktion.

Der Flughafen liegt nämlich weit vom Stadtzentrum entfernt. Das kostet in beiden Städten jeweils zwanzig Minuten Taxifahrt zusätzlich. Dann muß man wegen des Tickets und der Sicherheitskontrollen mindestens zwanzig Minuten vor dem Abflug am Flughafen sein. Und damit beträgt die Einsparung mit dem Flieger alles in allem gerade noch eine Stunde.

Dieser Stunde Zeitersparnis im Flieger steht aber etwas anderes gegenüber. Im Zug hat man drei Stunden als ununterbrochenen, qualitativen Zeitraum zur Verfügung, während die Zeit bei Nutzung des Flugzeugs vielfach zerstückelt wird und kaum sinnvoll zu nutzen ist.

Ein zweites Beispiel, bei dem wiederum Manager aus dem Westen und Manager aus dem Osten zu wichtigen Kongressen und zu Verhandlungen ins Ausland fliegen mußten: Der westliche Manager flog immer genau so, daß er vom

Flughafen aus mit dem Taxi direkt zu der Verhandlung fuhr oder bestenfalls noch kurz vorher in sein Hotel ging. Ebenso fuhr er nach der Verhandlung sofort wieder zurück zum Flughafen. Bereits einen halben Tag vorher in der Stadt zu sein wäre ihm wie ein Betrug an seinem Unternehmen vorgekommen und hätte seinen Vorstellungen von Effizienz widersprochen. Demgegenüber verteidigte ein östlicher Manager mit vergleichbarer Verantwortung sein Vorgehen so: Er sei mindestens einen halben Tag vor dem Termin da, um sich eine Sehenswürdigkeit, ein Museum oder etwas anderes für den Ort Wesentliches anzusehen. Auf diese Weise könne er in den Verhandlungen viel souveräner auftreten. Er könne seinem Gegenüber vermitteln, daß er zwar komme, um ein Geschäft zu machen, daß er sich jedoch auch auf die Kultur des anderen einlasse und sein Umfeld wahrnehme. Das schaffe eine andere Art gegenseitiger Akzeptanz und Würdigung, die ihm helfe, selbst in schwierigen Verhandlungssituationen bessere Abschlüsse zu erzielen.

Ob das Schnellere schneller ist und das Langsamere wirklich langsamer, läßt sich oft nicht eindeutig sagen. Spart jemand einen halben Tag Reisezeit, dann spart er seinem Unternehmen Kosten in einer bestimmten Höhe. Andererseits kompensieren bessere Abschlüsse die Mehrkosten vielleicht um ein Vielfaches.

Nach meinen Beobachtungen gibt es in beiden Kommunikationskulturen auch unterschiedliche innere Vorstellungen von »Zeit«. In der westlichen Kommunikationskultur wird Zeit eher mit dynamischen Bildern umschrieben. Oftmals mit dem einer schnell tickenden Uhr. Gegen dieses »Vergehen« von Zeit versucht man oft anzurennen, um Minuten oder Stunden zu sparen. Da zählt dann, wie in dem ersten Beispiel, eine Stunde als ein Punktsieg. Und ein halber eingesparter Tag ist schon so etwas wie ein Etappensieg.

In der östlichen Kommunikationskultur begegnet man öfter einer eher räumlichen Vorstellung von Zeit. Stunden und Tage bilden eine Art sich hintereinander reihender Räume. Man betritt einen solchen Raum und hält sich darin auf. Man geht in dieser Vorstellung mehr »mit der Zeit mit«, als daß man »gegen die Zeit« arbeitet. Damit verbunden ist eine gewisse Resistenz gegen immer kürzere Zeitintervalle. Denn je kleiner diese Intervalle sind, um so größer wird der Streß. Je größer und zusammenhängender die Zeiträume sind, um so eher kann man mit der Zeit oder in der Zeit sein.

Im westlichen kommunikativen Kontext gilt also ausgesprochen oder unausgesprochen das Motto: »Schneller ist besser«. Diese Vorstellung korrespondiert mit einer rein ökonomischen Betrachtung der Welt: Zeit ist Geld. Wenn man in einer bestimmten Zeit mehr herstellt, ist man effektiver. Diese Haltung prägt aber inzwischen nicht nur die Ökonomie, sondern auch viele andere Bereiche des Lebens.

Aber warum sollte schneller essen besser sein, als langsam zu essen? Warum schneller sprechen besser als langsamer sprechen? Warum sollten kürzere Sequenzen im Film besser sein als längere? Warum sollten fünf Kontakte besser sein als ein tiefes Gespräch?

Natürlich behauptet das auch im Westen niemand. Aber wenn man der westlichen Kommunikationskultur zum ersten Mal begegnet, erscheint es einem, als ob die Geschwindigkeit zu einer Art kollektiver Zwangsvorstellung geworden ist.

Und das, obwohl gleichzeitig fast jeder klagt, er würde entweder an Zeitmangel oder an der allgemeinen Hektik – oder unter beidem leiden. Doch wenn man keine Zeit hat, den Worten nachzugehen, sie nachschwingen zu lassen, dann werden sie immer bedeutungsloser.

Das Wissen darum, daß eine zu große Geschwindigkeit in fast allen menschlichen, sozialen und ökologischen Prozessen eher kontraproduktiv ist, scheint irgendwie aus dem Gesichtsfeld geraten zu sein. Interessanterweise werden oft Sachzwänge als Gründe angegeben, obwohl man bei genauerem Hinsehen beobachten kann, daß ein Großteil dieser Sachzwänge von dem einzelnen selbst mit hervorgebracht wird. Ein treffender, geflügelter Satz, der das vorherrschende Gefühl auf den Punkt bringen könnte, heißt: »Eigentlich bin ich ganz anders, nur komme ich so selten dazu.«

Den anderen Umgang mit der Zeit und die andere Vorstellung von Zeit im östlichen Kommunikationskontext darzustellen ist nicht einfach. Es geht nicht einfach um Langsamkeit im Gegensatz zu Beschleunigung. Mit der anderen Vorstellung von Zeit (nicht der einer tickenden Uhr, sondern der eines durchlebten Zeitraumes) geht auch ein anderes Verhalten einher: die Dinge in ihrer Zeit reifen zu lassen, den rechten Zeitpunkt abzuwarten, mit der Zeit mitzugehen. Das Denken und Fühlen bleibt eher an der Qualität als an der Quantität von Zeit orientiert.

Der Nachteil dieser Auffassung von Zeit besteht im Alltag darin, daß alles, zumindest kurzfristig betrachtet, oft deutlich »langsamer« geht. Man kann an dem Verhalten und in der Kommunikation eine gewisse »Beschleunigungsresistenz« beobachten. Genau hier entzündet sich eine Unzahl von Konflikten.

Das reicht, wie wir in den vorangegangenen Kapiteln gesehen haben, von den Sprechpausen beim Reden über die Zeiträume, in denen man sich wieder bei jemandem meldet, bis hin zu der Frage nach Mehrheits- oder Konsensentscheidungen. Überall spielt die Zeit mit hinein.

Und an keinem anderen Punkt wird erbitterter miteinander gestritten. Dabei ist die Vorwurfshaltung der westlichen an die östliche Kommunikationskultur gerade hier von einem eklatanten Widerspruch geprägt:

Auf der einen Seite kommt der Vorwurf, die Leute im Osten seien, alles in allem, noch immer viel zu langsam. Auf der anderen Seite wird in jedem zweiten Satz der Wunsch nach mehr Zeit, mehr Ruhe und einem anderen Lebensrhythmus ausgedrückt.

Allerdings bringt dieser Widerspruch und das Gefühl, daß da mit dem Umgang mit Zeit irgend etwas nicht stimmt, gerade in den letzten Jahren immer mehr Ideen, Bewegungen und Strömungen hervor, die versuchen, zu einem anderen Zeitverständnis zu finden oder eben auch zurückzufinden. Die uneingeschränkte Anerkennung für Leute mit überfüllten Terminkalendern, die für das Leben keine Zeit mehr haben, schwindet.

Buchtitel wie »Die Entdeckung der Langsamkeit« und »Mehr Zeit für das Wesentliche« erreichen gewaltige Auflagen, Bewegungen wie »Slowfood« entstehen, und ein »Verein zur Verzögerung der Zeit« sammelt und publiziert Kritisches zum Thema: »Leben Sie schneller, dann sind Sie eher fertig.«

Daß dieses Problem schon lange bekannt ist, belegt auch die folgende »Anekdote zur Senkung der Arbeitsmoral«, die Heinrich Böll bereits in den 60er Jahren schrieb und die ich hier frei wiedergebe. Die Haltung des griechischen Fischers repräsentiert durchaus eher den östlichen Kontext:

Ein Fischer, der am Vormittag in der Sonne liegt, wird von einem deutschen Touristen gefragt, warum er denn nicht weiterarbeite, wo doch das Wetter günstig sei und er noch viel mehr fangen könnte.

Der Fischer fragt zurück, warum er das machen solle. Der Deutsche sagt, er könne dann mehr Geld verdienen.

Der Fischer fragt wieder zurück, warum er das tun solle.

Der Deutsche sagt, dann könne er investieren, Motorboote kaufen, andere Fischer einstellen, noch mehr Fische fangen.

»Ja, und dann?« fragt der Fischer zurück.

Darauf der Deutsche: »Na, dann brauchen Sie nicht mehr so viel zu arbeiten und können sich in die Sonne legen.«

»Aber das kann ich ja jetzt auch schon«, lautet die entwaffnende Antwort.

Feedback und Selbstdarstellung vor der Gruppe

In der westlichen Kommunikationskultur geht es von der Tendenz her immer schnell. Um so interessanter ist natürlich eine spezielle Situation, in der es scheinbar umgekehrt ist. Dabei geht es um ein besonderes Verhalten in Gruppensituationen, zu beobachten vor allem im Job und dort vor allem bei Weiterbildungen, in Workshops und bei Seminaren.

Betrachten wir folgende Standardsituation: Teilnehmer einer gemischten Gruppe sollen ein Zwischenergebnis mitteilen oder ihre Eindrücke zu einer Veranstaltung wiedergeben.

Man sitzt im Kreis, jeder soll sich äußern. Nach ein oder zwei Sprechern kommt es zwangsläufig zu ersten Wiederholungen und Überschneidungen.

Wie wird nun damit umgegangen?

Die Leute aus der östlichen Kommunikationskultur vermeiden solche Doppelungen in der Regel. Sie ergänzen lediglich das, was von den Vorrednern noch nicht gesagt wurde. »Ich schließe mich dem schon Gesagten an«, ist dafür eine typische Redewendung. Nur auf die Punkte, bei denen es eine Abweichung oder eine Ergänzung zu machen gibt, wird besonders eingegangen.

Ziel ist hier nicht die möglichst perfekte und umfassende individuelle Selbstdarstellung vor der Gruppe, ohne Rücksicht darauf, wie oft genau das gleiche – vielleicht mit anderen Worten – schon einmal gesagt wurde. Da man am Konsensprinzip orientiert ist, die Gruppe nicht »langweilen« will und das Gruppeninteresse wichtiger ist als die Selbstpräsentation, vermeidet man die (aus dieser Perspektive unnützen) Wiederholungen.

Bei Leuten aus der westlichen Kommunikationskultur gilt anscheinend etwas anderes. Egal, ob ein Punkt bereits mehrere Male genannt wurde, er wird mit den eigenen Worten noch einmal wiederholt. Das Gesetz heißt: Die eigene Meinung und die eigene Selbstdarstellung sind das Wichtigste. Die Mitglieder der Gruppe, die einen westlichen Kommunikationshintergrund haben, nehmen das in einer erstaunlichen Weise mit Ruhe und Geduld hin. Die Selbstpräsentation des einzelnen interessiert sie nämlich. Da gibt es vielleicht das eine oder andere zu entdecken. Ob das für den Fortgang des Seminars oder für die Gruppe insgesamt wichtig ist, ist dagegen zweitrangig.

Die Mitglieder der Gruppe mit einem östlichen Kommunikationskontext sind dagegen ziemlich genervt. Sie empfinden vor allem eine Redundanz, die langweilig ist und Zeit kostet.

Aber viel mehr als die verschwendete Zeit ist es die Verletzung des Konsensprinzips, die zu Irritationen und Verärgerung führt.

Interessante Unterschiede gibt es auch in der Form, wie in den einzelnen Kommunikationskulturen auf die Diskussionsbeiträge von anderen Bezug genommen wird. Auch hier fällt auf, daß es innerhalb der westlichen Kommunikationskultur häufig so scheint, als ob sich eine Ansammlung unverbundener Einzelpersonen in einem Raum befindet.

Der Fortschritt in der Diskussion wird eher dadurch erwartet, daß jeder seine Meinung ausspricht und sie mehr oder weniger schroff gegen die andere setzt. Wieder wird stärker das Trennende als das Gemeinsame betont. Es wird seltener auf etwas Bezug genommen, was schon von jemand anderem gesagt wurde. Die Diskussion bleibt von daher für den Beobachter oft merkwürdig unverbunden und sprunghaft.

Innerhalb der östlichen Kommunikationskultur fällt auf, daß immer wieder von einzelnen versucht wird, auf bereits Gesagtes Bezug zu nehmen und, auch wenn man einen speziellen Beitrag zu einem Thema liefert, einen gemeinsamen Faden zu finden. Es sieht so aus, als ob hier das Individuum hinter der Gemeinschaft und dem Ziel zurücktritt, das in diesem Fall das »gemeinsame Thema« ist. In der westlichen Kommunikationskultur scheint dagegen das Thema eher ein Anlaß zu sein, die eigene Individualität zum Ausdruck zu bringen.

Die Frustrationen, die in gemischten Gruppen von daher offen oder verdeckt zutage treten, hängen oft mit diesen unterschiedlichen Akzentuierungen zusammen, und man tut gut daran, vor allem in der Moderation diesen Hintergrund, neben der Individualität der Sprechenden, immer wieder in Betracht zu ziehen.

Sach- und Persönlichkeitsebene

Im Berufsleben entzünden sich Ost-West-Konflikte oft an unterschiedlichen Beurteilungen dessen, was zur sogenannten Sachebene zählt und was auf die Persönlichkeit zielt. Den Ostlern wird dabei vorgeworfen, daß sie sachliche Auseinandersetzung und Kritik oft persönlich nehmen.

Ostler werfen den Westlern dagegen oft vor, daß sie andere angreifen, persönlich verletzen und dann behaupten, es handle sich lediglich um eine sachliche Auseinandersetzung.

Nach meinen Beobachtungen hängen eine ganze Reihe von Irritationen und Frustrationen in der Ost-West-Kommunikation mit unterschiedlichen Vorstellungen darüber zusammen, was jemand zu dem mehr äußerlichen, sachlichen oder öffentlichen Bereich und was jemand zu dem mehr inneren, persönlichen und privaten Bereich seines Lebens rechnet.

Es geht hier also nicht um das aus der Kommunikationstheorie weithin bekannte Zusammenspiel von Sach- und Beziehungsebene in der Kommunikation, sondern eher um den Verlauf der jeweils intern definierten Grenze zwischen »öffentlich« und »privat«. Ich benutze hier dafür die Begriffe Sachebene und Persönlichkeitsebene. Es gibt in beiden

Kommunikationskulturen unterschiedliche Vorstellungen, wo innerhalb der eigenen Persönlichkeit diese Grenzen verlaufen und wie durchlässig sie sind.

Um das zu veranschaulichen, habe ich zwei Persönlichkeitsmodelle aus einem interkulturellen Vergleich von Deutschen und Amerikanern weiterentwickelt und auf die deutsch-deutsche Situation angewandt.

Die Grenzen der Persönlichkeit sind jeweils mit dem äußeren Kreis symbolisiert. Innerhalb eines jeden Kreises gibt es noch einmal Kreise. Die Art der Linien verweist dabei jeweils auf die Durchlässigkeit der Grenzen.

Gepunktete Linie bedeutet: große Durchlässigkeit

Gestrichelte Linie bedeutet: mittlere Durchlässigkeit

Durchgezogene Linie bedeutet: sehr wenig oder keine Durchlässigkeit

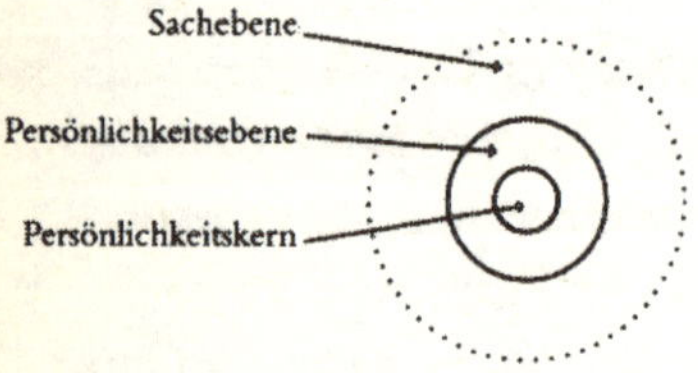

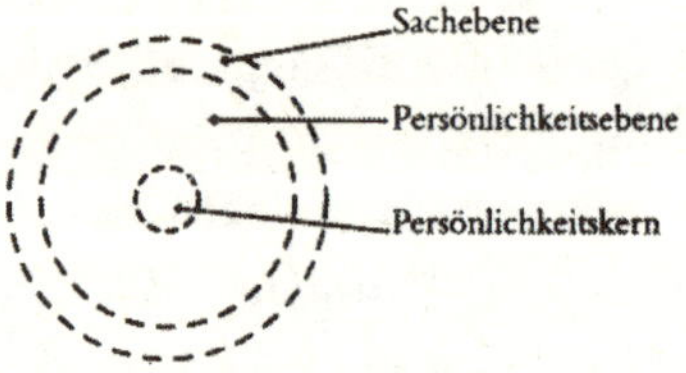

In der westlichen Kommunikationskultur ist die äußere Linie und Persönlichkeitsschicht relativ offen und durchlässig. (Deswegen eine gepunktete Linie). Das heißt, die Menschen sind tendenziell erst einmal offener und kontaktfreudiger. Dann kommt ein relativ großer Bereich, den man als die

Sachebene, Arbeitsebene, öffentliche oder unpersönliche Ebene bezeichnen könnte. In diesem relativ großen Segment spielt sich der größte Teil des Lebens und der Kommunikation ab. Dieser Bereich ist von der eigentlichen privaten Ebene jedoch klar und sehr deutlich abgetrennt. (Von daher mit einer durchgehenden Linie dargestellt.) Nur sehr wenige dringen zu dieser persönlichen Ebene vor, und nur Weniges aus diesem persönlichen Bereich wird im Alltag mit anderen geteilt. Noch darunter befindet sich eine letzte Linie um den Persönlichkeitskern, die wiederum geschlossen ist.

In dem Modell der östlichen Kommunikationskultur ist die äußere Linie und Persönlichkeitsschicht im Vergleich zur westlichen nicht ganz so durchlässig. (Von daher als gestrichelte Linie dargestellt.) Die Menschen sind tendenziell weniger offen und kontaktfreudig als in der westlichen Kommunikationskultur.

Dann aber zeigt sich der eigentliche Unterschied. Relativ dicht darunter kommt bereits eine zweite Linie – nämlich die, die das persönliche, private, intime von der öffentlichen, von der Sachebene trennt. (Diese ist nicht durchgezogen sondern ebenfalls gestrichelt!) Der Übergang zur persönlichen Ebene ist relativ durchlässig. Es gibt hier keine so strikte Trennung, wie das in der westlichen Kommunikationskultur oft zu beobachten ist. Und diese Linie liegt obendrein sehr dicht unter der äußeren Linie.

Das weist auf das Phänomen hin, daß es für die reine Sachebene in der östlichen Kommunikationskultur häufig nur sehr wenig Raum gibt. Deswegen werden Äußerungen sehr schnell persönlich gehört oder als persönlicher Angriff wahrgenommen. Schließlich ist auch die letzte Linie, die um den

Persönlichkeitskern herum nicht so undurchlässig wie auf der westlichen Seite.

In der westlichen Kommunikationskultur berühren, bedingt durch die klare Trennung der Sach- und Persönlichkeitsebene, viele Themen, Probleme und Auseinandersetzungen den persönlichen Bereich des einzelnen einfach gar nicht. Deshalb können die Auseinandersetzungen auf der Sachebene auch viel freier, härter und ohne schädliche Folgen für die eigene Persönlichkeit geführt werden. Es gibt einen breiten Raum für allgemeine Kommunikation, für Meinungen, Haltungen und Auseinandersetzungen.

Da diese Ebene kaum mit der persönlichen verbunden ist, sind Menschen in diesem Bereich sehr flexibel und können sich relativ leicht der jeweiligen Situation anpassen. Andererseits kann man beobachten, daß selbst bei intensiven Begegnungen oder jahrelanger Zusammenarbeit Gespräche noch lange nicht den wirklich persönlichen Bereich berühren müssen.

Im Osten dagegen ist dieser rein sachliche, unpersönliche, öffentliche Bereich relativ klein. Außerdem ist die Sachebene kaum von der Persönlichkeitsebene getrennt. Der Nachteil liegt auf der Hand. Bei einer Begegnung berührt man schnell, ob beabsichtigt oder nicht, diesen persönlichen Bereich.

Umgekehrt ist das, was zu einem Sachthema vorgebracht wird, auch viel enger mit der eigenen Persönlichkeit verbunden. Haltungen und Einstellungen werden von daher nicht so schnell geändert. Und durch dieses Persönlichkeitsmodell ist es auch möglich, tiefere persönliche Beziehungen im Arbeitsalltag zuzulassen.

In bezug auf die Präsentationstechniken zeigen die beiden Modelle auch, warum es Ostlern oft schwerer fällt, sich darzustellen. Es wird eben sehr leicht allzu persönlich, während im Westen Präsentationstechniken nicht unbedingt viel mit der Persönlichkeitsebene zu tun haben müssen.

Diese »Unverwundbarkeit« in dem eher äußeren Sachbereich geht jedoch innerhalb der westlichen Kommunikationskultur auch mit mehr Rollen- und Statusfixiertheit und mit weniger persönlicher Begegnung einher.

Wie weitgehend »außerbewußt« die beiden Modelle jeweils sind, ist erstaunlich.

So meinen Leute aus der östlichen Kommunikationskultur oft, sie seien doch auch in weiten Bereichen sehr sachlich und nicht persönlich mitbetroffen – was aber ihrer deutlich größeren Verletzbarkeit in Auseinandersetzungen widerspricht. Leute aus der westlichen Kommunikationskultur meinen dagegen eher, sie hätten doch auch sehr persönliche Kontakte, obwohl die bei genauerer Betrachtung eher sachlicher Art sind.

Ein Vorstandsmitglied (aus der westlichen Kommunikationskultur) nahm nach seiner Pensionierung an einem Empfang in seinem ehemaligen Unternehmen teil. Danach bekam er einen Nervenzusammenbruch. Jahrzehntelang hatten sich ständig viele darum bemüht, mit ihm auch nur eine Minute sprechen zu können. Jetzt stand er auf einmal allein im Raum. Er wurde zwar von ferne freundlich gegrüßt, aber niemand kam zu ihm, um sich mit ihm »einfach nur so« zu unterhalten. Nun war sein Problem nicht nur, daß er faktisch verlernt hatte, von sich aus auf andere zuzugehen und Kontakt herzustellen. Das eigentliche Problem war, daß er jahrzehntelang das, was lediglich seinem Status und seiner

Rolle galt, auch als menschliche Begegnung und persönliches Interesse interpretiert und mißverstanden hatte.

Diskretion und Indiskretion

In einem engen Zusammenhang mit den eben skizzierten Persönlichkeitsmodellen stehen auch die unterschiedlichen Vorstellungen von Diskretion und Indiskretion.

Oft wird den Ostlern von Westlern vorgeworfen, daß sie in Geschäfts- oder Arbeitsbeziehungen ungebührlich persönlich würden, indem sie indiskret nach absolut persönlichen Dingen fragen. Oder sie würden anfangen, sehr persönliche Dinge von sich selber preiszugeben. Da wird über Einkommens- und Vermögensverhältnisse, über Liebesbeziehungen und familiäre Situationen, über Krankheiten und Ängste und andere ziemlich persönliche Dinge gesprochen, als ob das ganz selbstverständlich wäre. Innerhalb der östlichen Kommunikationskultur scheint das gut zu funktionieren. Da dort der Sachbereich von dem persönlichen Bereich wenig abgegrenzt ist, fällt es so leicht, mit anderen über private und persönliche Dinge zu sprechen.

Was jedoch für den östlichen Kommunikationsbereich völlig selbstverständlich ist, bringt umgekehrt für jemanden aus der westlichen Kommunikationskultur unter Umständen ziemliche Verunsicherung mit sich. Da wird nämlich aus seiner Sicht die klare und festgelegte Grenze, die das Öffentliche von dem Privaten und Persönlichen trennt, überschritten.

Da diese eindeutige Grenze für jemanden aus dem Osten aber gar nicht vorhanden ist, versteht er nicht, worin auf einmal das Problem besteht, warum sich jemand bei einer persönlichen Frage »aus der Bahn geworfen« und verunsichert fühlen oder so betont kühl und distanziert reagieren kann.

Wenn man nun die Unterschiede kennt, kann man sie besser verstehen und mit den Differenzen produktiv umgehen. Leute aus der östlichen Kommunikationskultur können erkennen, daß eine bestimmte Art der Kommunikation nicht gegen sie persönlich gerichtet, sondern eher auf der reinen Sachebene gemeint ist. Sie können in der Folge ihre persönliche Ebene in Auseinandersetzungen besser schützen.

Umgekehrt können Leute aus der westlichen Kommunikationskultur erkennen, daß die strikte Abgrenzung von Sach- und Persönlichkeitsebene ein Modell ist, das zwar vor Verletzungen schützt, daß aber durch die starke Abgrenzung der Bereiche voneinander wirklich persönliche Begegnungen im Arbeitsalltag eher selten sind. Sich an bestimmten Punkten auf die östliche Kommunikationskultur einzulassen könnte bedeuten, öfter eine persönliche, vertraute Atmosphäre zu erleben, wie sie sonst oft nur im Kreis der Freunde oder der Familie erwartet wird.

Der Wert der Worte

Das obige Modell macht klar, daß fast alles, was in der westlichen Kommunikationskultur im Jobbereich kommuniziert wird, eher von der Sachebene her verstanden werden soll. Je sachlicher, desto besser. Je mehr man das Persönliche heraushalten kann, um so höher die Professionalität. Es fällt von daher im allgemeinen leichter, auf die Sachebene zu zielen und diese auch zu treffen (da dieser Bereich relativ groß ist und außerdem strikt von dem persönlichen Bereich getrennt). Daß die Persönlichkeitsebene als sogenannte Selbstoffenbarungsebene (vgl. Schultz von Thun, »Miteinander reden«) trotzdem immer mit dabei ist, wird dabei aber gerne übersehen und oft sogar zurückgewiesen.

Innerhalb der östlichen Kommunikationskultur dagegen ist es kaum sinnvoll, die persönliche Ebene unberücksichtigt zu lassen. Da hier fast immer auf der Sachebene und auf der persönlichen Ebene zugleich gehört und gesprochen wird, ist man bei seinen Formulierungen und bei jedem Thema auch ziemlich wach, was eine mögliche Verletzung der persönlichen Ebene betreffen könnte.

So kommt es, daß für jemanden aus der östlichen Kommunikationskultur ein Gespräch oder eine Aussprache wie ein massiver Angriff, ja wie eine persönliche Beleidigung wirken kann, obwohl das für jemanden aus dem Westen nichts als eine einfache Meinungsäußerung oder höchstens als eine etwas pointierte Formulierung gemeint war.

Wird innerhalb der westlichen Kommunikationskultur nichts besonders hervorgehoben, ist im beruflichen Leben die Sachebene gemeint. Wenn sich jemand auch persönlich mit einem Thema oder einer Sache identifiziert, wird das sprachlich markiert, zum Beispiel mit einer Formulierung wie: »Und im übrigen bin ich auch persönlich der Überzeugung …« Auch wenn man jemanden nicht in seiner Rolle oder seinem Status, sondern persönlich meint, wird das gesondert betont, zum Beispiel mit den Worten: »Ihnen persönlich möchte ich gerne noch sagen …«

Innerhalb der östlichen Kommunikationskultur ist es genau umgekehrt. Wenn nichts hervorgehoben wird, ist es gleichzeitig immer auch persönlich gemeint. Wenn man sich nur auf der rein sachlichen Ebene bewegen will, dann wird das in der Regel besonders hervorgehoben: »Das ist jetzt nicht gegen Sie persönlich gerichtet, aber an dieser Stelle ...«

Im Alltag der Ost-West-Kommunikation können Sie die meisten Konflikte schon dadurch entschärfen, daß Sie die unausgesprochenen Voraussetzungen mitkommunizieren. Dann sollten Sie als Westler dem Ostler gegenüber die Sachebene eben noch einmal betonen (obwohl das scheinbar klar ist), und Sie als Ostler würden dem Westler gegenüber die selbstverständlich ebenso gemeinte persönliche Ebene erwähnen (obwohl auch das scheinbar klar ist).

Ein anderer Punkt, der mit der Qualität der Worte zu tun hat, ist die unterschiedliche Verfallszeit von Meinungen, Haltungen und Zusagen.

Dabei überschneiden sich zwei Aspekte. Einmal wirkt das unterschiedliche Zeitempfinden in Ost und West und einmal die unterschiedlichen Auffassungen von Sachebene und Persönlichkeitsebene, wie bei den Persönlichkeitsmodellen skizziert.

Innerhalb der westlichen Kommunikationskultur ist die Verfallszeit von Worten kürzer. Da die Sachebene strikter von der persönlichen Ebene getrennt ist, beschädigt das auch nicht die persönliche Integrität.

Die Frage, ob das, was man da sagt, etwas mit seiner innersten Persönlichkeit zu tun hat, gerät nicht so sehr ins Blickfeld. Wenn man heute das Gegenteil von dem behauptet, was man gestern gesagt hat, ist das nicht unbedingt ein Makel, sondern gilt eher als flexibel.

Da in der östlichen Kommunikationskultur die Sachebene stärker mit der persönlichen Ebene verbunden ist, ist die Rückverbundenheit der Worte mit der eigenen Persönlichkeit deutlich größer. Dies könnte aber auch damit zusammenhängen, daß man jahrzehntelang für ein aufrührerisches Wort, das man auch nur halböffentlich gesagt hat, ein paar Jahre ins Gefängnis gehen konnte.

Jedenfalls fällt es entsprechend schwerer, leichthin zu formulieren. Und es ist auch nicht so einfach, sich von seiner eigenen Aussage oder Festlegung wieder zu lösen. Vielleicht wirkt die Kommunikation auch dadurch nicht so spielerisch, so flexibel und wird von außen oft als moralisierend wahrgenommen.

Schwarz auf weiß oder Auf Treu und Glauben

Je leichter man auf der Sachebene hin- und hergehen kann und je weniger das Wort mit dem Zentrum der Persönlichkeit rückverbunden ist, um so weniger gilt ein Wort. Erst recht das gesprochene Wort, das einem im nachhinein niemand mehr beweisen kann.

Nur das Wort, das schwarz auf weiß geschrieben ist, das unterschrieben wurde, das beglaubigt ist, gilt im Zweifelsfalle etwas.

In der östlichen Kommunikationskultur gilt eine andere Voraussetzung. Wirklich bauen kann man allein darauf, daß sich das Gegenüber mit seiner menschlichen und persönlichen Integrität und mit seinem ausdrücklichen Wort für etwas verbürgt. Papier dagegen ist geduldig. Verträge sind so oder so interpretierbar. Auf den Geist kommt es an, auf das gegenseitige Vertrauen, und sonst nichts.

Beide Vorgehensweisen funktionieren in ihrem jeweiligen Kontext relativ gut. In beiden Kulturen gibt es raffinierte Formen, die Glaubwürdigkeit von Papieren und Sicherheiten beziehungsweise die Glaubwürdigkeit eines gegebenen Wortes zu überprüfen.

Aber wenn diese zwei Kommunikationskulturen aufeinandertreffen, gibt es massive Probleme, die sich zum Teil dramatisch ausgewirkt haben und noch immer auswirken.

Leute aus dem östlichen Kommunikationskontext haben, vor allem in der Anfangszeit der Vereinigung, viele Dinge unterschrieben, die sie besser nicht unterschrieben hätten. Natürlich nicht, weil sie das Kleingedruckte nicht lesen konnten, sondern weil sie das Schriftliche für nicht so wichtig erachtet haben. – Dafür haben sie die von dem westlichen Gegenüber eingeübte Präsentationstechnik als eine vertrauensvolle Ebene persönlicher Verbindlichkeit verstanden und interpretiert.

Das betraf Privatleute, die von Versicherungsvertretern Zusagen oder Versprechen erhielten, die von den Verträgen nicht gedeckt waren. Das betraf Verlage oder Firmen, die auf Versprechungen seriös erscheinender Geschäftsleute hin Investitionen vornahmen, die wenig später zu ihrem Ruin geführt haben. Es geht dabei nicht um einseitige Schuldzuweisungen. Natürlich gibt es Glücksritter auf beiden Seiten.

Was aber aus der Sicht westlicher Kommunikationskultur blanke Dummheit und was aus östlicher Sicht Betrug war, ist auch hier nichts als ein kleiner Unterschied in den Kommunikationskulturen, nämlich einmal das gesprochene und einmal das geschriebene Wort für die »Realität« zu halten.

Heute ist man auch im Osten mit seiner Unterschrift sehr viel vorsichtiger geworden. Der Vorrang des Gesprochenen vor dem Geschriebenen gilt zwar noch immer – ist aber angereichert mit einem gewissen Mißtrauen gegenüber den Leuten aus der anderen Kommunikationskultur.

Ein Beispiel: Zwei Leute aus dem Osten überlassen zwei Leuten aus dem Westen eine Wohnung im Osten für eine gewisse Zeit zur Untermiete. Um die Dinge vor dem Vermieter ins rechte Licht zu rücken, schreibt man – in gegenseitiger Übereinstimmung – den Untermietvertrag. Aufgrund der persönlichen Beziehung, die die beiden Paare zueinander haben, ist für die Leute aus dem Osten absolut klar, daß natürlich nur das gesprochene, persönliche Wort gilt, das Schriftliche aber eine reine Formsache ist. Für die beiden aus dem Westen gilt aber nur das im Vertrag Niedergeschriebene. Das stellte sich allerdings erst heraus, als sie bereits in der Wohnung waren – und blieben.

Es geht hier nicht um Schuldzuweisungen. Natürlich gibt es auch wortbrüchige Ostler. – Es geht darum, was als die eigentliche, die wesentliche Ebene der Verständigung und der Übereinstimmung angesehen wird. Und die war eben unterschiedlich.

Zuletzt sei in diesem Kapitel daher eine Geschichte erzählt, die als berühmte Ausnahme von der Regel interessant ist. Sicher wäre die Geschichte nicht weitergegeben worden, wenn sie nicht innerhalb der westlichen Kommunikationskultur außergewöhnlich wäre. Diese Geschichte zeigt für mich zum einen, daß die Auflösung der Verbindlichkeit des gesprochenen Wortes so alt noch nicht ist und zum anderen, daß Integrität und Moralität von der Wertschätzung des Wortes nicht zu trennen sind:

In Hamburg kaufte jemand eine Eigentumswohnung von einer alteingesessenen Kaufmannsfamilie. Im nachhinein, als er bereits in der Wohnung wohnte, erzählte er, wie dieser Verkauf vonstatten gegangen war. Nach der Besichtigung der Wohnung und der gegenseitigen Zusage sollte der Käufer das Geld an den Verkäufer, eben jenen Hamburger Kaufmann, überweisen. Der Käufer wollte aus Gründen, die wir kennen und die innerhalb der westlichen Kommunikationskultur eigentlich selbstverständlich sind, zuerst gerne einen Kaufvertrag aufsetzen und den Vorgang verschriftlichen, um einfach sicherzugehen …

Worauf der Hamburger Kaufmann schlicht und ergreifend gesagt haben soll: »Sie haben mein Wort, das Wort eines Hamburger Kaufmanns – eine größere Sicherheit gibt es nicht.«

Spezielle Verständnisprobleme zwischen Männern und Frauen in Ost und West

Du bist anders, und das ist wunderbar / Westmänner und Ostfrauen / Ostmänner und Westfrauen / Zu mir in den Westen oder zu dir in den Osten? / Komplikationen bei der schönsten Sache der Welt

Du bist anders, und das ist wunderbar

Die Kommunikation zwischen Männern und Frauen ist selbst innerhalb einer Kommunikationskultur nicht ohne Komplikationen. Einerseits ist man fasziniert, daß der/die andere anders ist – und gleichzeitig ist man frustriert, weil man sich nicht verstanden fühlt. Das gilt natürlich erst recht für die Begegnung von Männern und Frauen aus unterschiedlichen Kommunikationskulturen.

Das Faszinierende dabei ist, daß bestimmte Konfliktlinien, an die jeder innerhalb seiner eigenen Kommunikationskultur gewöhnt ist, hier scheinbar erst einmal nicht auftauchen. Das macht ja den besonderen Reiz aus, sich auf Männer und Frauen aus einer anderen Kommunikationskultur einzulassen.

Westmänner empfinden Ostfrauen als unkompliziert, weiblich, hingebungsvoll und anspruchslos (was materielle Dinge angeht). Ostfrauen empfinden Westmänner als großzügig und spendabel, erfahren und weltgewandt.

Westfrauen schätzen Ostmänner als beziehungserfahren,

gesprächsfähig, näher an ihren Gefühlen und von daher als gute Liebhaber.

Ostmänner finden die Westfrauen erfahren, experimentierfreudig und raffiniert.

Faszination und Anziehung sind also vorhanden. Dennoch gibt es wiederum eine ganze Menge Kommunikationsfallen. Die verhindern zum Teil, daß man überhaupt näher miteinander bekannt wird, oder sie sorgen dafür, daß nach der ersten Phase der Euphorie die Probleme so richtig haarig werden. Und zwar zusätzlich zu den Kommunikationsunterschieden, die in den vorherigen Kapiteln bereits abgehandelt wurden.

Gehen wir ins Detail: In den meisten Ost-West-Beziehungen ist ein Westmann mit einer Ostfrau zusammen. Die Kombination Ostmann und Westfrau ist selten. 1994 waren in 90 Prozent aller Ost-West-Beziehungen ein Westmann mit einer Ostfrau zusammen, und nur in 10 Prozent der Fälle war es umgekehrt (vgl. Rohmstock, »West-Östlicher Diwan«).

Wie kommt das?

Auch in anderen historischen Situationen läßt sich beobachten, daß weitaus mehr Männer jener Kultur, die sich politisch, ökonomisch, juristisch durchgesetzt hat, also der »Gewinnerkultur«, sich Frauen der »Verliererkultur« nehmen als umgekehrt. Der weiße Mann kann sich eine schwarze Frau nehmen – aber was, wenn sich der schwarze Mann eine weiße Frau nimmt?

Es ist interessant, warum sich dieses ungleiche Verhältnis in Deutschland so ganz »spontan« hergestellt hat. Schließlich gibt es hier keine Gesetze oder Verbote, die die Beziehungen in die eine Richtung etwa befördern, in die andere Richtung jedoch behindern würden. Es liegt also an den ökonomischen und kommunikativen Prozessen, an Wahrnehmungen und Werten, daß es zu diesem eklatanten Mißverhältnis kommt.

Wir wollen hier untersuchen, warum bestimmte Ost-West-Kommunikationsprobleme bei Westmännern und Ostfrauen scheinbar nicht so ins Gewicht fallen, während sie sich im umgekehrten Verhältnis gravierender auswirken.

Neben den Dingen, die zwischen Männern und Frauen aus Ost und West gleich kompliziert sind, gibt es einen großen Bereich, in dem die Unterschiede in den Ost-West-Kommunikationskulturen zwischen Westmännern und Ostfrauen nicht so störend sind, wie das umgekehrt der Fall ist. Ganz im Gegenteil kann hier das West-Ost-Gefälle, zumindest anfangs, sogar förderlich wirken.

Interessanterweise werden ja der westlichen Kommunikationskultur oft eher männliche Eigenschaften zugeschrieben, während die östliche Kommunikationskultur mehr mit weiblichen Kommunikationsformen verglichen wird.

Das heißt jetzt für die Männer und Frauen: Westmann und männlichere Kommunikationsformen auf der einen Seite stehen Ostfrau und weiblicheren Kommunikationsformen auf der anderen Seite gegenüber. In der Transaktionsanalyse würde man das eine parallele Kommunikation nennen.

Umgekehrt sieht sich der Ostmann mit einer weiblicheren Kommunikationskultur einer Westfrau mit einer männlicheren Kommunikationskultur gegenüber. Was eher einer gekreuzten Interaktion entspricht.

Wenn also eine Frau mit östlicher Kommunikationskultur einen Westmann »zu lange ansieht« oder bei der Kommunikation im öffentlichen Raum körperlich »zu nahe kommt«, muß das für die Kommunikation nicht unbedingt hinderlich sein. Auch »spontane Berührungen im öffentlichen Raum« kann ein Westmann von einer Frau leichter tolerieren – vielleicht fühlt er sich sogar geschmeichelt.

Daß Männer eher eskalieren und Frauen eher vermitteln oder eindämmen, paßt auch relativ gut in diese Konstellation. Auch die Probleme, wenn es darum geht, »Verabredungen zu treffen«, fallen in der Kommunikation zwischen Westmännern und Ostfrauen weniger ins Gewicht. Die Frau kann sich in der Werbephase eher Zeit lassen und warten, bis der Mann aktiv wird. Wenn die Frau aus dem Osten also entsprechend ihrer Kommunikationskultur handelt, wirkt sich das nicht störend aus. Wenn der Mann aus dem Westen schon am nächsten Tag die Initiative ergreift – paßt das auch.

Wenn Ostfrauen Dinge leichter auch persönlich (ganzheitlicher) nehmen und die Sachebene nicht so stark von der Persönlichkeitsebene trennen, wird das, bei Westmann und Ostfrau, von beiden ebenfalls als normal empfunden.

Bei Westfrauen und Ostmännern gibt es bei allen diesen Punkten jedoch zusätzliche Probleme, weil sich die Kommunikationsschocks zwischen Ost und West mit den Mißverständnissen zwischen Mann und Frau überlagern und so gegenseitig verstärken.

Wenn ein Ostmann eine Westfrau »zu lange ansieht« oder ihr bei der Kommunikation im öffentlichen Raum körperlich »zu nahe rückt«, kann dieses Verhalten auf der nonverbalen Ebene bereits das Ende der Kommunikation bedeuten: »Er ist einfach furchtbar aufdringlich.« Es wird ihm also eher individuell oder als »typisch Mann« zugeschrieben, jedoch selten seiner anderen Kommunikationskultur.

Daß die Männer mit östlicher Kommunikationskultur weniger zur Eskalation und mehr zum Konsens neigen, ist für Westfrauen zwar interessant und entspannend – für die Ostmänner ist aber umgekehrt das »ganz normale« Eskalationsniveau der Frauen mit westlicher Kommunikationskultur eher gewöhnungsbedürftig.

Wenn der Ostmann sich mit einem Anruf zu einer Verabredung – entsprechend seiner Kommunikationskultur – mehr Zeit läßt, kann das für die Westfrau schon ein Zeichen mangelnden Interesses sein. Pech gehabt. Wenn sich aber die Westfrau (nach einer – aus dem Blickwinkel ihrer Kommunikationskultur – relativ langen Zeit) von sich aus meldet, kann das von dem Ostmann schon als »ziemlich aufdringlich« wahrgenommen werden. Auch nicht so gut.

Und wenn Ostmänner entsprechend ihrer Kommunikationskultur bestimmte Dinge stärker auf der persönlichen Ebene hören und meinen, macht sie das wiederum für Frauen aus der westlichen Kommunikationskultur interessant, während der Ostmann durch bestimmte Auseinandersetzungen mit der Westfrau, die sie (entsprechend ihrer Kommunikationskultur) stärker auf einer Sachebene führt, eher irritiert und herausgefordert ist.

Das Gespräch läuft also an vielen Punkten spontan erst einmal parallel zu den Tendenzen in der West-Ost-Kommunikation. Dagegen ist das Gespräch zwischen Ostmann und Westfrau zu den Tendenzen der West-Ost-Kommunikation an vielen Punkten eher gegenläufig.

Das heißt aber nicht, daß das eine reibungslos läuft und das andere nur schwierig ist. Auch hier gibt es bei näherem Hinsehen noch genügend kommunikative Verwicklungen.

Im Flirtverhalten tauchen bei dieser Konstellation vordergründig erst mal wenig Probleme auf. Blickkontakt, Nähe und Distanz austarieren, sich bald wieder melden – das paßt alles. Das Ganze wird schon anders, wenn der Westmann ein ernsthaftes Interesse hegt und nun die Frau aus dem Osten von seiner Ernsthaftigkeit zu überzeugen sucht.

Dann kann es passieren, daß er mit seinem Vorgehen alles verdirbt, weil er mit seinem Werbungsverhalten die Ostfrau in die Flucht schlägt, wie zum Beispiel in folgendem Fall:

Ein Westmann war in eine Ostfrau verliebt und fing bei der ersten Begegnung an – um seine ökonomische Seriosität zu unterstreichen –, von seiner Karriere, seinem Einkommen und seinen Statussymbolen zu berichten. Nun erwartete er keine überschwengliche Reaktion darauf, aber doch wenigstens eine beifällige, leicht wohlwollende Kenntnisnahme. Statt dessen erntete er von der Ostfrau jedoch skeptische, spöttische Blicke und interpretierte sie prompt falsch. Er meinte nämlich, sie bezweifle seine Aufrichtigkeit und traue seinen Aussagen nicht. Also verstärkte er sein Vorgehen und führte noch mehr Beispiele für seine (ökonomische) Seriosität an. Genau damit aber verspielte er seine Sympathien bei ihr. Mit der Bemerkung, daß er sich wahrscheinlich geirrt habe und sie nicht käuflich sei, wandte sie sich nämlich abrupt ab und ließ ihn stehen.

Man könnte sagen, daß wir es hier mit einem Spezialfall der Frage »Status austarieren oder persönliche Beziehung herstellen?« zu tun haben. Während in der westlichen Kommunikationskultur – gerade in der Werbephase – Hinweise auf einen sicheren ökonomischen Status durchaus hoch im

Kurs stehen, spielt das in der östlichen Kommunikationskultur kaum eine Rolle.

Die beiden Kontexte, die sich bei vielen Flirtgelegenheiten beobachten lassen und in diesem Beispiel besonders kraß aufeinandergetroffen sind, könnte man auch so umschreiben: In der westlichen Kommunikationskultur: »Wo das Geld knapp ist, hört auch die Liebe auf.« Und in der östlichen Kommunikationskultur: »Lieber trockenes Brot in Frieden als Gesottenes im Streit.« Die unterschiedlichen Erwartungshaltungen bestimmen natürlich auch die Reihenfolge in den Werberitualen.

An dieser Stelle spielen wohl, wie sonst in kaum einem anderen Kommunikationskonflikt zwischen Ost und West, die ökonomischen, politischen und juristischen Hintergründe eine entscheidende Rolle.

Wenn die Vereinbarkeit von Beruf und Kindern als Selbstverständlichkeit vorausgesetzt wird, wie das für Frauen im Osten jahrzehntelang der Fall war, spielt die ökonomische Sicherheit des Mannes bei der Partnerwahl nicht die herausragende Rolle. An den Mann werden also vor allem folgende Ansprüche gestellt: Einfühlsamkeit und Verständnis, die Fähigkeit zum Zuhören und Emotionalität. Aus ökonomischen Zwängen mußte im Osten keine Frau auch nur einen Tag mit einem Mann zusammenbleiben. Wenn er sich gehen ließ, riskierte er, in die Wüste geschickt zu werden. Und dann hatte er schlechte Karten. Denn keine Frau oder Freundin haben, hieß dann auch: Kein Sex. Denn Bordelle, Prostitution und käufliche Liebe gab es nicht. Das hat natürlich das Verhältnis der Geschlechter zueinander stark geprägt. Und das Verhalten der (Ost-) Männer ebenso.

Kein Wunder also, daß sich die Frau in dem obigen Beispiel nicht nur persönlich unwohl gefühlt hat, sondern das Vorgehen des Westmannes, sie nämlich zuerst von seiner Seriosität zu überzeugen, vollkommen falsch eingeordnet hat.

Wenn es aber dem (West-)Mann gelingt, solche eklatanten Mißverständnisse beim Kennenlernen einer Ostfrau zu vermeiden, dann hat er, jedenfalls in der ersten Phase der Beziehung, ziemlich gute Karten.

Er trifft dann nämlich auf eine Frau, die ganz natürlich mit ihrem Frausein umgehen kann und trotzdem ökonomische Selbständigkeit gewöhnt ist. Das nimmt dem Westmann den Druck, Ernährer der Familie sein zu müssen, mit all dem Zwang zum Erfolg und der damit einhergehenden Anpassung im Beruf.

Dafür liegen aber andere Lernschritte vor ihm. Er kann sich nämlich nicht mit dem Hinweis auf seine Arbeitsbelastung oder daß er »das Geld für die Familie verdienen muß« aus der Beziehung zurückziehen. Von ihm werden persönliche Gespräche, Zuhören, Aufmerksamkeit und Einfühlungsvermögen – in einem für die westliche Kommunikationskultur ungewöhnlichen Maße – verlangt.

Sollte sich der Westmann an dieser Stelle lernunwillig zeigen, wird die Ostfrau ihrerseits nicht zögern zu gehen. Zumindest aber wird sie sich einen verständnisvollen Liebhaber suchen, der ihr das gibt, was der Mann nicht mit ihr teilt, worauf sie aber nicht verzichten möchte.

Wie wir schon gesehen haben, stehen die Zeichen hier schon für das Kennenlernen nicht besonders gut. Bereits beim ersten Blick, beim Aufeinanderzugehen, beim Verabreden – überall gibt es ziemlich große Hürden für die Ostmänner gegenüber den Westfrauen. Schwierig ist auch, daß der Ostmann seine größten Flirterfolge in der Vergangenheit nicht seinem Status, sondern seinen persönlichen Qualitäten verdankte. Er geht also (ebenso wie der Westmann in dem erwähnten Beispiel) intuitiv in der »falschen« Reihenfolge vor. In dem Frühortungssystem der Westfrauen ist er so aber oft gar nicht wahrnehmbar. Auch Pech.

Obendrein ist die Selbstpräsentation in seiner Kommunikationskultur nicht besonders ausgeprägt und von daher normalerweise nicht seine Stärke. So kommt es, daß er bei den Frauen mit westlicher Kommunikationskultur – schon in der Vorauswahl – meistens durchfällt. Er kommt entsprechend seltener dazu, überhaupt das Wort an sie zu richten.

Aber mal angenommen, er hat alle diese Hürden genommen, dann verheddert er sich mit Sicherheit im Gestrüpp eines jahrzehntelangen Geschlechterkampfes, den er aus dem Osten nicht kennt. Das heißt, er übertritt häufig und völlig unbedacht weibliche Demarkationslinien, wie in folgendem Beispiel geschehen:

Ein Ostmann verliebt sich in eine Westfrau. Sie haben sich bereits einmal getroffen, und er hat ihre Diplomarbeit gelesen. Sie treffen sich wieder und gehen in ein Restaurant. Das erste Mißverständnis gibt es schon an der Tür zum Restaurant, denn er besteht darauf – als Kavalier alter Schule –, das

Restaurant als erster zu betreten. Dieses Vordrängen ist ihr unerklärlich. Daß er ihr dann aus dem Mantel hilft, gibt auch eher ein paar Minuspunkte – als ob sie das nicht allein könnte. Aber den eigentlichen Fauxpas begeht er bei der Gesprächseröffnung, als er nämlich nicht gleich auf ihre Arbeit eingeht, sondern zuerst ein Kompliment über ihr Aussehen macht, weil es für ihn eine grobe Unhöflichkeit gewesen wäre, gleich auf die Arbeit zu sprechen zu kommen. Sie empfindet das jedoch als machohaft und fühlt sich als intellektuelle Partnerin nicht ernst genommen.

Wie bereits beschrieben, wird in der Kommunikation oft das weggelassen, was selbstverständliche Voraussetzung des Gespräches ist. Die Frau als Gesprächspartnerin auf gleicher Ebene anzusehen ist innerhalb der östlichen Kommunikationskultur so selbstverständlich, daß es nicht betont werden muß. Von daher erklärt sich die Kommunikation des Ostmannes. Sogleich auf die Arbeit einzugehen hätte in seinem Kontext bedeutet, die Sachebene doppelt zu betonen und die Persönlichkeitsebene gar nicht.

Innerhalb der westlichen Kommunikationskultur dagegen ist die Erfahrung, als Frau auch oder zuerst als Sexualobjekt angesehen zu werden, so gegenwärtig, daß die Ebene der gleichberechtigten Begegnung zunächst besonders betont werden muß.

Von Ostmännern ritterlich gemeinte Gesten der Aufmerksamkeit bekommen vor diesem Hintergrund leicht einen Anklang von Demütigung, als hätten sie damit indirekt ausgedrückt: »Vergiß nicht, daß du eine Frau bist.« Während eigentlich gemeint ist: »Du bist mir wichtig, und das möchte ich dir auch mit dieser kleinen Geste zeigen.«

Wo so viele Fallen lauern, stellt sich die Frage, wie es überhaupt noch zu Beziehungen zwischen Ostmännern und Westfrauen kommen kann. Wegen der vielen Mißverständnisse in der Anfangsphase kommen solche Beziehungen meist nur dann zustande, wenn beide die Möglichkeit haben, sich in irgendeiner Form indirekt kennenzulernen: bei der täglichen Zusammenarbeit, auf längeren Tagungen, bei gemeinsamer Mitgliedschaft in einem Verein oder ähnlichen Anlässen. Da kann die Westfrau den Ostmann quasi nebenbei genauer wahrnehmen, und seine schlechte Selbstpräsentation fällt nicht mehr so ins Gewicht. Umgekehrt ist die – aus der Sicht der östlichen Kommunikationskultur übertriebene und verwirrende – Präsentationskultur in der alltäglichen Begegnung für den Ostmann leichter zu durchschauen. Ihre eigentliche Persönlichkeit wird für ihn leichter wahrnehmbar. Und mit ihrer Haltung »Ich bin zwar einsam – aber komm mir nicht zu nahe« kann er deswegen leichter umgehen, weil er es innerhalb seiner Kommunikationskultur gewöhnt ist, die Sach- und Persönlichkeitsebene nicht so stark zu trennen.

Wenn es erst mal dazu kommt, kann eine Beziehung zwischen Ostmann und Westfrau ziemlich ausgewogen sein. Die dabei entstehende kommunikative Mischkultur kann für beide sehr interessant sein. Daß sie von ihrer Kommunikationskultur her bestimmte »eher männliche« Elemente integriert hat (z.B. breiterer Raum für die Sachebene), macht sie für ihn als Gesprächspartnerin interessant. Er wiederum hat von seiner Kommunikationskultur her bestimmte weibliche Elemente integriert (z.B. stärkere Ausprägung der Persönlichkeits- und Beziehungsebene), und diese Kommunikationsfähigkeit und Beziehungserfahrung findet sie angehnehm.

Allerdings gibt es in diesen Beziehungen zwei bleibende

Stolpersteine, die leicht zur Konfrontation führen können: wenn er nämlich ein bestimmtes Eskalationsniveau, das in ihrer Kommunikationskultur auf der Sachebene angelegt ist, als gegen sich persönlich gerichtet ansieht.

Oder wenn sie hinter bestimmten ritterlich gemeinten Männlichkeitsgesten spontan einen Diskriminierungsaspekt wittert.

Ein kurzes Fazit: In der Konstellation von Westmännern und Ostfrauen ist die Anfangsphase deutlich einfacher. Dafür wird es später herausfordernder und schwieriger, vor allem weil bestimmte Rollenerwartungen stark differieren und die Rollenvorstellungen der westlichen Kommunikationskultur, vor allem, wenn das Paar dann gemeinsam im Westen lebt, einen starken Druck auf die individuelle Beziehung ausüben.

In der Konstellation von Ostmännern und Westfrauen gestaltet sich der Anfang ziemlich schwierig, aber dann wird es leichter. Es bleiben jedoch kommunikative Stolpersteine, die vor allem mit der unterschiedlichen Zuordnung männlicher und weiblicher Verhaltensweisen in der Kommunikationsstruktur zu tun haben.

Zu mir in den Westen oder zu dir in den Osten

Angenommen, Mann und Frau oder Frau und Mann aus Ost und West haben sich nun doch kennen und lieben gelernt. Sie haben alle möglichen kommunikativen Klippen umschifft und sind nun ein Paar. Dann lauern noch andere Schwierigkeiten auf die beiden. Die Frage, die jetzt gelöst werden muß, heißt: Wo leben?

Leider gibt es kein exterritoriales Gebiet für gemischte Paare. Also muß man sich entscheiden, ob man mit dem neuen Partner von der »anderen Seite« in der eigenen Kommunikationskultur oder in der des Partners leben will.

Die Kommunikationskontexte und die damit einhergehenden Rollenerwartungen an Männer und Frauen sind aber in beiden Kommunikationskulturen nach wie vor sehr unterschiedlich und reproduzieren sich in den jeweiligen Gebieten immer wieder neu.

Egal, wie die beiden sich entscheiden, auf jeden Fall muß einer von beiden zusätzlich zu den Ost-West- und zu den Mann-Frau-Kommunikationsunterschieden, die in der Partnerschaft austariert werden müssen, auch mit den unterschiedlichen Erwartungshaltungen im alltäglichen Umfeld fertig werden.

Zu Kommunikationsschocks kommt es dann an allen möglichen Punkten des Lebens. In der Kommunikation mit den Großeltern und mit den Freunden des Partners, beim Gespräch mit den Lehrern der Kinder, auf der Arbeit und in allen anderen denkbaren Situationen des Alltags. Sie sind mal ganz offenkundig, mal eher unterschwellig und schwer zu orten. Dennoch wirken sie, weil sie permanent auftreten, sehr massiv.

Das heißt, wer in die andere Kommunikationskultur eintaucht, fühlt sich plötzlich fremd auf allen Ebenen und erlebt täglich die verschiedensten Kommunikationsschocks, während für den Partner alles gleich bleibt, so daß er die Frustrationen des Partners, der Partnerin in ihrer Tiefendimension nicht wirklich mitfühlen kann.

Ohne den Gesamtzusammenhang zu berücksichtigen und die Schwierigkeiten, die der eine Partner plötzlich bekommt, sehr ernst zu nehmen, kann es leicht zu großen Problemen in der Beziehung kommen. Der Leidensdruck ist natürlich individuell, aber die Lösung liegt nicht in einer Therapie, wie das häufig versucht wird, sondern in der Beachtung des (veränderten) kommunikativen Umfeldes.

Übrigens wurden auch die englischen Frauen in dem Beispiel von Watzlawick, solange man ihr Verhalten nur isoliert, ohne die Kontextunterschiede betrachtete, kurzerhand als »hysterisch« (wenn sie nach dem Kuß gleich Ohrfeigen verteilten) oder »nymphoman« (wenn sie mit dem Amerikaner »gleich« ins Bett gingen) eingeordnet.

Aber zurück nach Deutschland. Auch die in den beiden deutschen Kommunikationskulturen unterschiedlichen Rollenerwartungen werden häufig nicht offen ausgesprochen, sondern wirken nur unterschwellig. Wenn der Ostmann im Westen seine Frau und die Familie nicht ernähren kann, wird er leicht als Versager angesehen. Die Ostfrau, die im Westen wieder voll arbeiten gehen will, wenn das Kind drei Jahre alt ist, wird in den Augen der Schwiegermutter zu einer Rabenmutter.

Die Westfrau im Osten hingegen wird durch die Blume gefragt, warum sie nicht wieder arbeiten will, jetzt, wo ihr Kind drei Jahre alt ist. Ob es ihr nicht langweilig ist, immer nur zu Hause zu sitzen. Wenn ein Westmann im Osten sagt: »Meine Frau braucht nicht zu arbeiten, sondern kann sich ganz um die Kinder und die Familie kümmern«, bekommt er keine stillschweigende Zustimmung, sondern wird eher wie ein kleiner Privatdespot angesehen.

Die Vielzahl der möglichen Kommunikationsschocks, die für den jeweils »Fremden« auftauchen und die mit dem Zusammenspiel von nonverbaler und verbaler Kommunikation einhergehen, ist kaum zu unterschätzen. Die Erfahrung zeigt, daß die Probleme kulminieren und die Frustrationen mit der Zeit eher zu- als abnehmen.

Deswegen haben Fernbeziehungen bei ost-west-deutschen Paaren von der kommunikativen Dynamik her oft günstigere Voraussetzungen. Jeder bleibt in seinem gewohnten kommunikativen Umfeld, und an den Wochenenden begegnet man dem Partner (und auch der anderen Kommunikationskultur) immer wieder mit Neugier und Erstaunen. Die Irritationen sind eher dosiert, denn man erlebt die Kommunikationsschocks nicht permanent. Darüber hinaus entgeht man dem bewußten oder unbewußten Anpassungszwang, dem man ausgesetzt ist, wenn man ständig in der anderen Kommunikationskultur lebt.

Man hat also am Wochenende immer eine(n) »Übersetzer(in) und Erklärer(in)« dabei und kann sich jeweils rückversichern und sich mit dem Partner austauschen, wenn in einer Kommunikation etwas schiefgelaufen ist. So kann man sich einerseits nach und nach adaptieren, und zu Hause kann man sich wieder erholen.

Komplikationen bei der schönsten Sache der Welt

Wie aus Befragungen, Statistiken, Selbstaussagen hervorgeht (vgl. Rohnstock, »West-Östlicher Diwan«), ist auch das Sexualverhalten in der östlichen und der westlichen Kommunikationskultur sehr unterschiedlich. Im Osten ist der Umgang der Geschlechter miteinander unbefangener, die Erotisierung des Alltags als Geste zwischen den Menschen normaler. (Erotisierung ist hier nicht zu verwechseln mit den omnipräsenten, sexualisierten Verkaufsstrategien in der Werbung.)

Paare im Osten schlafen öfter und länger miteinander, Frauen bekommen häufiger einen Orgasmus, Männer haben weniger Potenzprobleme. Wenn man sich die Unterschiede in den Kontexten der beiden Kommunikationskulturen ansieht, überrascht dieser Befund eigentlich nicht.

Man kann unschwer erkennen, daß die westliche Kommunikationskultur eine Tendenz hat: die stärkere Abgrenzung vom anderen zu betonen, Status und Rang als wesentlich zu markieren, die individuelle Profilierung und das Durchsetzungsvermögen zu honorieren. Diese Verhaltensweisen fördern ohne Frage Effizienz und Produktivität. Sie schlagen aber auch in einer nicht immer erwünschten Weise auf die persönlichen und erotischen Beziehungen durch.

Umgekehrt hat die östliche Kommunikationskultur die Tendenz, größere Nähe zum anderen zuzulassen, sich leichter und ohne Statusverlustängste zu öffnen und in vielen Aspekten die Verbundenheit untereinander zu betonen.

Diese Eigenheiten kommen der Erotik zugute. Denn Erotik, hier verstanden als spielerische Sinnlichkeit, wächst, wenn mehr Zeit und Muße da ist, wenn Vertrauen und Nähe leicht herzustellen sind und Statusverlust nicht als bedrohlich wahrgenommen wird.

Dazu kommt, daß auch die jahrzehntelange ökonomische Unabhängigkeit der Frauen im Osten eine starke Auswirkung auf die erotische Ebene und das Verhältnis der Geschlechter zueinander hatte. Das Element der Macht, bestimmte Besitzansprüche und ökonomische Abhängigkeiten waren weitgehend ausgehebelt. Entsprechend unverkrampfter war das Verhältnis der Geschlechter zueinander.

Dazu kommt ein andere interessante, mentale Differenz. Nämlich eine unterschiedliche Zuordnung von männlich und weiblich in beiden Kommunikationskulturen. In der westlichen Kommunikationskultur wird an vielen Stellen der Auseinandersetzung von Männern und Frauen (symbolisch, bildlich) männlich jeweils mit »oben« und weiblich jeweils mit »unten« im Sinne von unterlegen assoziiert.

Aus diesem Blickwinkel erklärt sich auch die starke Empfindlichkeit von Westfrauen gegenüber Männlichkeitsgesten, die innerhalb des Westkontextes leicht mit einem Ruch von Unterdrückung einhergehen können. Außerdem herrscht in dieser Kommunikationskultur eine latente Verachtung von Weiblichkeitsgesten, eben weil diese leicht als Unterwürfigkeit wahrgenommen werden.

In der östlichen Kommunikationskultur dagegen werden männlich und weiblich (symbolisch und bildlich) auf der gleichen Ebene zugeordnet. Von daher sind Männlichkeits- und Weiblichkeitsgesten abgekoppelt von einer Vorstellung von »oben« und »unten«. Sie werden eher als eine starke Polarität, aber nicht mit Hierarchie identifiziert.

Wenn die Frau aber ganz selbstverständlich auf gleicher Ebene steht, dann können Männer und Frauen genau deswegen unbefangener in Männlichkeitsrollen und Weiblichkeitsrollen hineingehen, ohne viel zu riskieren oder sich ausgeliefert zu fühlen. Vertrauen und Hingabe als Voraussetzung für beiderseitig erfüllte Sexualität und Ekstase sind von daher leichter zu erreichen.

Diskussionen zwischen West- und Ostfrauen über Gleichberechtigung und die Geschlechterverhältnisse, über symbolische und faktische Emanzipation zeigen ebenfalls, wie grundsätzlich anders das Männliche und das Weibliche in beiden Kommunikationskulturen zugeordnet sind. Da diese Vorstellungen aber als weitgehend »außerbewußt« nicht mitkommuniziert werden, kommt es auch hier zu ziemlichen Kommunikationsschocks.

Ostfrauen wurden von den Westfrauen oft als unaufgeklärt und in ihrem Verhalten den Männern gegenüber »unterwürfig« angesehen. Aus einer Perspektive des Verständnisses von männlich und weiblich als ein »Oben und Unten« sind die Vorwürfe verständlich.

Für die Ostfrauen mit ihrem Verständnis von ökonomischer und partnerschaftlicher Gleichberechtigung ist diese Argumentation so nicht wirklich nachvollziehbar, da sie das Verhältnis von Männern und Frauen ebenso völlig selbstverständlich und »außerbewußt« als eine (auch nicht immer einfache) Polarität auf einer Ebene wahrgenommen haben.

Auch die Gleichgültigkeit der Ostfrauen gegenüber der im westlichen Kommunikationskontext mühsam erkämpften symbolischen Gleichberechtigung in den Sprachregelungen galt in den Augen der Westfrauen zumindest als Ausdruck eines mangelnden Problembewußtseins.

Ostfrauen dagegen meinten, die Westfrauen würden zwar großen Wert auf die symbolische Gleichberechtigung legen, aber immer wieder vordergründig die Männer angreifen und für etwas verantwortlich machen, wofür sie individuell nichts können: für Strukturen und Systeme.

Andererseits haben Ostfrauen, auch das ist ja vielsagend, auf die politischen, ökonomischen, sozialen und juristischen Zwänge der westlichen Gesellschaft deutlich sichtbar mit einem – in der deutschen Geschichte – einmaligen Gebärstreik reagiert. Selbst »weltweit ist ein derart drastischer Geburtenschwund ohne Beispiel«. (1989 wurden 198 922 Kinder geboren, 1993 nur 80 500, DieZeit vom 7.10.94)

Schließlich gibt es in der westlichen Kommunikationskultur im Gegensatz zur östlichen noch ein weiteres großes Handicap für die schönste Sache der Welt. Das hängt mit den Präsentationstechniken zusammen. Diese führen in der westlichen Kommunikationskultur zu einer starken »Ästhetisierung von Sexualität«. Äußere Schönheit und sexuelle Erfüllung werden dabei sehr eng in Zusammenhang gebracht. Verbunden mit einem immer weiter stilisierten Schönheitsideal für Frauen (und immer stärker auch für Männer) rückt die richtige und die gelungene »Präsentation« auch in Liebesdingen immer mehr in den Mittelpunkt. Die Fähigkeit zu Hingabe und Ekstase steht aber nicht gerade in Beziehung zu dem jeweils vorherrschenden Schönheitsideal.

Da Ekstase und innere Verbundenheit von Liebenden aber nun mal nicht sichtbar gemacht werden können, obendrein nicht wirklich meßbar und vergleichbar sind, verschwindet ihre Wahrnehmung gegenüber der quasi symbolischen, nämlich äußeren Präsentation von Körpern. Und daß die individuelle Differenz zum herrschenden Schönheitsideal oft als persönliches Manko empfunden wird, ist der spielerischen Lust am Sex auch nicht gerade förderlich. Es fehlen dann leicht das Selbstvertrauen und die Leichtigkeit.

Die »Mauer in unseren Betten« ist auch nach zehn Jahren noch immer vorhanden, und, wie die »Frankfurter Rundschau« dieser Tage schreibt: »Auch heute noch liegt der Osten in den Betten vorn.« (FR vom 28.4.01)

Wie man sehen kann, haben beide Kommunikationskulturen einen enormen Einfluß auf die Wahrnehmungen, die Empfindungen und das Verhalten derer, die jeweils durch sie geprägt wurden.

Durch die Begegnung der beiden Kommunikationskulturen in einem Land haben wir nun auf beiden Seiten die einmalige Chance, unser Leben stärker an der einen oder der anderen Kommunikationskultur auszurichten, auf diese Weise Neues zu lernen und unser Leben zu bereichern.

Prinzipien gelungener Kommunikation

Warum die Kommunikation trotzdem manchmal gelingt / Heikle Punkte der Kommunikation / Kreative Lösungen bei Irritationen und Kommunikationsschocks / Zweisprachigkeit statt Anpassungszwang / Zwiegespräche als spezielle Form, aus kommunikativen Fallen zu entkommen / »Übersetzer« und Selbsthilfegruppen / Beratung suchen – Kommunikation trainieren

Warum die Kommunikation trotzdem manchmal gelingt

Je intensiver man sich mit Fragen der Kommunikation beschäftigt, desto mehr wundert man sich, daß sich überhaupt zwei Menschen verstehen, erst recht, wenn die beiden aus unterschiedlichen Kommunikationskulturen kommen. Sie kennen sich als Individuen nicht, sie kennen den eigenen und den fremden Kontext nicht, sie gehen fast immer von Voraussetzungen aus, die nicht übereinstimmen. Zu allem Überfluß verbergen sich hinter körpersprachlichen Gesten und einzelnen Worten auch noch unterschiedliche Bedeutungen.

Spötter und Konstruktivisten sagen, die höchste Form von Verständigung sei dann erreicht, wenn beide Gesprächspartner – obwohl sie sich mißverstehen – davon überzeugt sind, sie hätten einander verstanden.

Aber glücklicherweise treten nicht alle Irritationen und

Kommunikationsschocks zur gleichen Zeit auf. Außerdem haben Menschen eine geniale Fähigkeit: Sie können die eigenen Formen der Kommunikation selber zum Gegenstand des Gesprächs machen.

Damit eröffnet sich eine neue Ebene. Jemand fragt: Wie hast du das eben gemeint? Und in dem Moment reden die beiden nicht mehr nur über die Sache an sich, sondern auch darüber, wie sie darüber reden. Auf diese Weise können viele Irritationen und Kommunikationsschocks ausgeräumt und festgefahrene Gespräche wieder in Gang gebracht werden.

Außerdem sind wir es gewöhnt, uns mit unserer Kommunikation spontan auf den anderen und sein wahrscheinliches Vorverständnis einzustellen: Mit einem Erwachsenen reden wir anders als mit einem Kind. Mit Fachleuten anders als mit Fachfremden.

Auch bei der Begegnung von Subkulturen innerhalb einer Kommunikationskultur haben wir eine Reihe von Strategien zur Verfügung, die uns viele Irritationen ersparen. Ein Norddeutscher läßt sich in Süddeutschland durch bestimmte Kommunikationsformen nicht so schnell irritieren, weil er den Subkontext des Gesprächspartners berücksichtigt. Das gleiche geschieht im Umgang mit Leuten, die alters- oder schichtenspezifisch »eine andere Sprache« innerhalb der eigenen Sprache sprechen.

Man geht in solchen Fällen davon aus, daß der andere einen nicht versteht, wenn man nicht Teile seines »selbstverständlichen« Subkontextes mitkommuniziert.

Das alles sind Strategien, die natürlich auch bei der Bewältigung der deutsch-deutschen Irritationen und Kommunikationsschocks helfen.

Außerdem gibt es eine ganze Reihe von spezifisch wissenschaftlichen Sprachformen, die in einem bestimmten Bereich eine Verständigung weitgehend unabhängig von individuellen oder kulturellen Prägungen ermöglichen (z.B. bei Mathematikern, Physikern etc.).

Und schließlich gibt es stark prägende Unternehmenskulturen, die bestimmte Abläufe, den Umgang miteinander, Konfliktlösungsprozeduren und ähnliches vorgeben. Damit braucht nicht jeder einzelne mit jedem Kollegen eine jeweils individuelle Abstimmung über Nähe und Distanz, Begrüßung und Verabschiedung, Höflichkeit oder Ablehnung vorzunehmen. Egal, ob er aus dem Osten oder aus dem Westen kommt, Verhaltensformen und Kommunikationsstrukturen sind dann vorgegeben und bilden damit eine Brücke für die Verständigung – selbst bei stark unterschiedlicher Herkunft und Prägung der einzelnen Mitarbeiter.

(Schwierig wird es erst wieder, wenn zwei Unternehmen oder andere Gruppen fusionieren und die Unternehmens- oder Gruppenkulturen und ihre zumeist auch »außerbewußten« Kontexte aufeinanderprallen.)

Das gleiche gilt für bestimmte politische oder religiöse Vereinigungen und Gruppierungen, deren Mitglieder auf verbindliche Werte festgelegt sind. Auch da bilden bestimmte Grundüberzeugungen und Verhaltensnormen eine Brücke für die Verständigung. Alle diese Strukturen sind innerhalb einer Kommunikationskultur hilfreich und können von daher auch die Anzahl der Irritationen und Kommunikationsschocks in der Ost-West-Kommunikation verringern oder deren Tragweite eingrenzen.

Die Kommunikation bleibt jedoch schwierig, wenn diese genannten Brücken der Verständigung nicht vorhanden sind und wenn man gar nicht weiß und in Rechnung stellt, daß man trotz großer Differenzen ganz selbstverständlich von gleichen Kontexten ausgeht. Je größer die Erwartung von frageloser Übereinstimmung ist, um so unerwarteter sind die plötzlich auftretenden Irritationen.

Besonders heikel sind natürlich die Bereiche, die mit einem Zusammenspiel von verbaler und nonverbaler Kommunikation zu tun haben: sich gegenseitig ansehen, sich begrüßen, sich jemandem zuwenden oder sich abwenden, den richtigen Abstand finden, sich beim Gespräch berühren. Ebenso alles, was mit zeitlichen Abläufen und wiederkehrenden Rhythmen zusammenhängt: wann und wie lange man sich gegenseitig anschaut, wann man sich dazusetzt oder besser weitergeht, wie lange man Pausen läßt, wann man sich wieder bei jemandem meldet, auf einen Brief oder eine Anfrage antwortet und vieles mehr.

Auch die Kommunikation, die mit dem Körper des anderen in Verbindung steht, ist schwer selber zum Gegenstand der Kommunikation zu machen. Man kann leichter fragen: »Was meinen Sie genau mit Gerechtigkeit?«, aber sehr viel schwerer ist es zu fragen: »Warum kommen Sie mir ständig zu nahe?«

Heikel wird es auch, wenn bestimmte Rituale, die eigentlich die Kommunikation innerhalb der eigenen Kommunikationskultur erleichtern sollen (Hand geben, indirekte Gesprächseröffnung), dem anderen nicht bekannt sind. Der

Fremde verletzt die gängigen Rituale, was ihm von seinem Gegenüber nicht als Unkenntnis, sondern als ein bewußter Regelverstoß ausgelegt wird.

Und schwierig bleibt der ganze Bereich, der mit den »außerbewußten« Kontexten zu tun hat, mit unterschiedlichen Modellen von Persönlichkeit, von Zeit, von »dein und mein« und »wir gemeinsam« und was damit an Vorstellungen von Diskretion und Indiskretion, an Distanz und Nähe einhergeht.

Kreative Lösungen bei Irritationen und Kommunikationsschocks

Würde man alle in diesem Buch beschriebenen deutsch-deutschen Kommunikationsfallen beachten, käme man in der ost-west-deutschen Kommunikation schon ziemlich weit. Natürlich gibt es noch sehr viel mehr. Was also tun, wenn etwas schiefgeht, wenn es einen erwischt, wenn man frustriert ist oder das Gefühl hat, daß es in der Kommunikation klemmt?

Am wichtigsten ist: Immer vom guten Willen des Gesprächspartners ausgehen. Auch wenn er sonst völlig andere Interessen hat, ist er erst einmal garantiert an einer funktionierenden Kommunikation interessiert.

Auf der Basis dieses generellen »positiven Vorurteils« sollte man versuchen, auftretende Irritationen wirklich bewußt zu registrieren. Sie also gerade nicht als »unwesentlich« zu übergehen (weil sie sonst in der Wiederholung zum Problem werden). Und sie nicht vorschnell individuell zuzuordnen (»der oder die ist nun mal so«).

Der nächste Schritt wäre, diese Irritation zu thematisieren. Dafür gibt es drei Wege:

- Man kann die Empfindungen aussprechen, die der andere bei einem ausgelöst hat.
- Man kann behutsam nachfragen, was der andere wirklich gemeint hat (statt einfach emotional zu reagieren).
- Oder man kann seine eigenen Hintergründe mitkommunizieren, wenn man bemerkt, daß der andere eine verbale oder nonverbale Reaktion zeigt, die in einem krassen Gegensatz zu dem steht, was man eigentlich intendiert hat.

Oft ist es auch hilfreich, die Grenzen seiner eigenen Kommunikationskultur bewußt zu überschreiten und ungewöhnliche Varianten auszuprobieren (z.B. als Ostler den anderen zu unterbrechen oder als Westler Pausen zu lassen u.ä.).

Oder die unausgesprochenen Kontexte selbst zum Thema machen (z. B. »Natürlich bin ich nicht gegen Mehrheitsentscheidungen, aber ich würde vorschlagen, vorher zu versuchen, einen Konsens herbeizuführen, der die unterschiedlichen Aspekte berücksichtigt.«)

Das ist zwar am Anfang umständlicher und nimmt mehr Zeit in Anspruch, gibt dem anderen aber Einsicht in die Voraussetzungen der eigenen Kommunikation.

In meinen Beratungen nenne ich das die kreative Umkehrung des »Gesetzes der Sprachökonomie«. Denn normalerweise läßt man in der Kommunikation alles weg, was als bekannt vorausgesetzt wird. Um aber Kommunikationsschocks aufzudecken, muß man genau anders herum vorgehen: So lange immer weiter und präziser die eigenen »selbstverständlichen« Voraussetzungen zu erklären, bis der andere sagt: Das ist klar, das ist auch für mich selbstverständlich und klar.

Irritationen und Kommunikationsschocks sind nicht gegen einen persönlich gerichtet. Auch wenn sie in der konkreten Situation schmerzlich sind. In solchen Fällen neigt man spontan dazu, die Erfahrungen, die man macht, intern zuzuordnen und zu bewerten (die ist schuld, der hört nicht zu, typisch Mann oder Frau usw.). Besser ist es, zu versuchen, Irritationen und Kommunikationsschocks als »Wegweiser« zu betrachten. Er zeigt – garantiert – auf eine unausgesprochene Voraussetzung und oft sogar direkt auf einen, noch dahinter liegenden unterschiedlichen Kontext.

Mit der inneren Einstellung: Jede Irritation ist ein »Wegweiser«, können Sie auch dem »semantischen Reflex« entgehen. Das ist die spontane, reflexartige und meist sehr emotionale Abwehrreaktion, die normalerweise einsetzt, wenn man sehr irritiert ist. Wenn das passiert, ist wirkliche Erkenntnis, im Sinne gemeinsamen Aufdeckens eines Kommunikationsschocks nicht mehr möglich.

Wie folgt man also einem »Wegweiser«? Am besten, indem man sich selbst zu erkennen gibt und nicht den anderen, seine Kommunikation und sein Verhalten interpretiert:

»Ich würde gerne auch etwas über Sie persönlich erfahren«, statt: »Ihre pausenlose Selbstpräsentation stört mich.«

Oder:

»Es wundert mich, daß Sie mir bei der Begrüßung nie die Hand geben«, statt: »Warum sind Sie eigentlich so arrogant?«

In Streitgesprächen ist es darüber hinaus sinnvoll, die eigene Geschichte mitzuliefern und nicht nur die Schlußfolgerung. Wenn einer etwas als gerecht und der andere das gleiche als ungerecht bezeichnet, hilft der Austausch von Argumenten nicht weiter.

Wenn aber jemand anfängt zu erzählen, was für ihn zur Gerechtigkeit gehört und wie er im Laufe der Zeit und des eigenen Lebens zu dieser Haltung gekommen ist, und wenn der andere das gleiche tut, läßt sich leichter herausfinden, worin die eigentliche Differenz besteht.

Zweisprachigkeit statt Anpassungszwang

Führt die genaue Beachtung der Kommunikation nun zu einem Anpassungszwang, zu einer Verbiegung der eigenen Persönlichkeit und zum Verlust der eigenen kommunikativen Spontaneität? Nach meiner Erfahrung nicht.

Es kommt ja in jedem Gespräch darauf an, sich dem anderen mitzuteilen. Die Kommunikation ist so gesehen ein Transportmittel. Das einzige, was von daher zu tun ist, ist, sowohl auf den Inhalt als auch auf das Transportmittel zu achten, und zwar zuerst bei sich selbst und dann auch bei dem anderen.

Ich vergleiche das gerne mit dem Sprechen einer Fremdsprache. Auch da muß ich meine Gedanken in (fremde) Worte und Sätze fassen, um mich verständlich zu machen. Für die deutsch-deutsche Situation heißt das: Man muß versuchen, seinen Text, seinen Inhalt, den man vermitteln möchte, in den anderen deutschen Kontext zu übersetzen.

Wenn Sie als Ostler mit jemandem aus der westlichen

Kommunikationskultur sprechen, könnte das so aussehen:

Sie bleiben ungewohnt weit auf Abstand, sprechen schneller, als es für Sie »normal« ist, lassen keine Pausen, übertreiben bei der Selbstdarstellung um ungefähr 100 Prozent, unterbrechen den anderen von Zeit zu Zeit und ordnen alle Merkwürdigkeiten in der Kommunikation immer zuerst der Sachebene und nicht der Persönlichkeitsebene zu.

Dann wird man Sie gut verstehen, und Sie haben garantiert ein phantastisches Gespräch.

Manchmal höre ich in der Beratung, daß sich Ostler dabei am Anfang wie »Schauspieler« vorkommen würden, wie »Hochstapler« oder sogar wie »Lügner«.

Ich arbeite dann oft mit der Metapher der Fremdsprache. Man lügt schließlich auch nicht, wenn man mit einem Engländer englisch spricht. Also sprechen Sie einfach zweisprachig deutsch. Einmal ostdeutsch und einmal westdeutsch. Wichtig ist, daß das, was Sie ausdrücken wollen, auch wirklich ankommt. Und wenn Sie wieder mit jemandem aus der eignen Kommunikationskultur sprechen, dann sprechen Sie sowieso wieder »ganz normal«.

Das gleiche gilt umgekehrt auch für jemanden aus der westlichen Kommunikationskultur. Wenn Sie mit jemandem aus der östlichen Kommunikationskultur sprechen und richtig ankommen wollen, dann sehen Sie ihm länger in die Augen, gehen Sie dichter an ihn heran, lassen Sie mehr Gesprächspausen, präsentieren Sie nur 50 Prozent von dem, was Sie normalerweise alles darstellen, und denken Sie in jeder Sachdiskussion auch an die Persönlichkeits- und die Selbstoffenbarungsebene bei Ihnen selbst und bei dem anderen. – Dann kommen Sie einfach gut bei Ihrem Gegenüber an.

Nach meiner Erfahrung ist es so: Je öfter man ganz bewußt ostdeutsch und dann wieder westdeutsch spricht, um so einfacher wird es. Das ist wie Sprachenlernen. Am Anfang muß man oft »Wort für Wort« übersetzen, und das Ganze ist noch ziemlich holprig. Nach und nach kann man auch in der anderen Sprache »denken«. Und dann geht es wie von selbst.

Zwiegespräche als spezielle Form, aus kommunikativen Fallen zu entkommen

Das Prinzip des Zwiegesprächs ist am ehesten mit einem dialogischen Monolog zu bezeichnen. Jeder redet die ganze Zeit über sich, seine Empfindungen, Glaubenssätze, Voraussetzungen, Verstehensgewohnheiten und Irritationen.

Das Faszinierende ist, daß innerhalb weniger Minuten ein tiefer und intensiver Selbsterkenntnisprozeß bei beiden Gesprächspartnern in Gang kommt, der sich für einen Außenstehenden wie ein wundervoller »Dialog« ausnimmt, obwohl die beiden nicht im eigentlichen Sinne mit- oder gar übereinander sprechen.

Jeder fängt an, über seine selbstverständlichen Voraussetzungen zu kommunizieren. Und genau dieser Effekt ist es, der in der Kommunikation von Ost und West gesucht wird.

Zwiegespräche eignen sich besonders für zugespitzte Situationen, in denen Menschen aus Ost und West gezwungen sind, tagtäglich miteinander auszukommen: bei Doppelspitzen in Unternehmen, in gemischten Teams und in Ost-West-Partnerschaften.

Diese Gesprächsform wurde zuerst für Paare entwickelt

(vgl. Moeller, »Die Wahrheit beginnt zu zweit«). Sinn und Zweck dabei ist es, dem gemeinsamen »Unbewußten« (oder in der Ost-West-Kommunikation dem »Außerbewußten« von Kommunikationskulturen) auf eine elegante Weise auf die Spur zu kommen.

Es müssen jedoch ein paar Rahmenbedingungen eingehalten werden, damit Zwiegespräche funktionieren.

So ist es strikt verboten, nachzufragen, den anderen zu bewerten, zu argumentieren, zu intervenieren, dem anderen zu widersprechen. Jeder bleibt unter allen Umständen bei sich, das heißt, er spricht nur über sich selbst, seine Wünsche, Bedürfnisse und Sichtweisen.

Darüber hinaus ist es wichtig, sich für das jeweilige Zwiegespräch fest zu verabreden. Ein klarer Anfang, ein klares Ende, ein Zeitraum von maximal 90 Minuten hintereinander haben sich als günstig erwiesen. Gegebenenfalls sind in verfahrenen Situationen mehrere Gespräche im Abstand von ca. einer Woche einzuplanen.

Außerdem ist es am Anfang – nach meiner Erfahrung – besser, einen unbeteiligten Dritten dabei zu haben, der sich mit der Methode auskennt und sie selber bereits längere Zeit praktiziert hat. Er kann dann darauf achten, daß die »Spielregeln« auch wirklich eingehalten werden.

Wenn nicht, kann es leicht geschehen, daß es bei den beiden Gesprächspartnern durch die Hintertür doch zu einem Disput kommt: über die Regeln selbst, ob sie wirklich so genau eingehalten werden müssen, ob der andere nicht dagegen verstößt und vieles mehr.

Bei Beachtung der Prinzipien des »Zwiegesprächs« ist die Wirkung oft phänomenal: Durch diese konzentrierte Loslösung von dem anderen, durch das quasi laute und qualifizierte Selbstgespräch werden in kurzer Zeit viele »selbstverständliche« Voraussetzungen des eigenen Sprechens und die eigenen Interpretationsmuster aufgedeckt.

»Übersetzer« und Selbsthilfegruppen

Mit »Übersetzer« ist hier jemand gemeint, der sich in beiden Kommunikationskulturen auskennt. Er oder sie kann bei bestimmten verbalen oder nonverbalen Irritationen, die Sie mit Leuten aus der anderen Kommunikationskultur erleben, vermitteln oder im nachhinein deuten, was in einer bestimmten Situation gerade passiert ist.

Eine andere Möglichkeit, mit den Problemen in der Ost-West-Kommunikation umzugehen, sind Selbsthilfegruppen. Vor allem Westler, die jetzt im Osten leben, haben in einigen ostdeutschen Städten diese informellen Selbsthilfegruppen gegründet. Sinn und Zweck dieser Gruppen ist es vor allem, sich über die alltäglichen Probleme und Kommunikationsschocks auszutauschen.

Es hilft oft schon zu wissen, daß es sich nicht nur um individuelle Probleme handelt, sondern daß andere die gleichen Erfahrungen machen, ähnliche Irritationen und Kommunikationsschocks erleben. Das schafft vor allem erst einmal Entlastung. Es dient aber auch dazu, die Muster der gestörten Interaktion zu erkennen und neue Gesprächsformen zu erproben.

Ostler im Westen (ca. 1,7 Millionen sind allein in den letzten zehn Jahren in den Westen gezogen) haben meistens eine andere Strategie, um einen ähnlichen Entlastungseffekt zu erreichen. Sie schließen sich gern untereinander zu engeren Freundeskreisen zusammen und bilden auf diese Weise Netzwerke. So wird im persönlichen und privaten Bereich die östliche Kommunikationskultur aufrechterhalten und gleichzeitig im Arbeitsleben eine möglichst effiziente Anpassung an die westliche Kommunikationskultur gesucht. (Ein Phänomen übrigens, daß man auch schon nach verschiedenen Ausreisewellen aus der DDR in der Bundesrepublik in den 80er Jahren beobachten konnte.)

Beratung suchen – Kommunikation trainieren

Nun ist es aber leider oft so, daß man den »blinden Fleck«, an dem die eigene Kommunikation dann im konkreten Fall scheitert, oft nicht erkennt. Das gilt vor allem dann, wenn man sich allein in der fremden Kommunikationskultur bewegt, dort lebt und arbeitet. Aber auch für Ost-West-Paare, die die kommunikativen Probleme innerhalb der Beziehung als individuelles Versagen erleben. Nicht zuletzt gilt es für angespannte Team- oder Gruppensituationen, in denen über alles und jedes bereits gesprochen wurde, in denen die unterschiedlichsten Lösungsansätze bereits gescheitert sind, wo jedoch die Kontextunterschiede der beiden Kommunikationskulturen und ihr Einfluß auf die Konflikte noch nie untersucht wurden.

In solchen Fällen ist es gut, sich einen externen Berater zu suchen, der einem für eine gewisse Zeit als Ansprechpartner, Übersetzer, Deuter oder Trainer zur Verfügung steht.

Ein solcher Berater kann relativ schnell aufdecken, wie unterschiedliche Kommunikationskulturen mit ihren außerbewußten Kontexten die Beteiligten in ihren Rollen gefangen halten.

Ein Training in gemischten Gruppen ist dabei besonders erfolgversprechend. Die gemeinsamen Lernerfahrungen erleichtern die Integration und Umsetzung der Erkenntnisse. Sie befreien unmerklich aus dem »Gefängnis« der eigenen »außerbewußten« Kommunikationsstrukturen und ermöglichen neue Handlungs- und Reaktionsmuster für alle Beteiligten.

Auf immer getrennt?

Da mentale Haltungen und kommunikative Fähigkeiten innerhalb der Familien erlernt und weitergegeben werden und außerdem, wie wir gesehen haben, weitgehend »außerbewußt« sind, ist mit einer schnellen Angleichung der beiden Kommunikationskulturen nicht zu rechnen.

Selbst bei einzelnen Einwanderern dauert es oft mehrere Generationen, bis sie sich an eine neue Kultur adaptiert haben. Die großen und zusammenhängenden Sprachgebiete in Ost und West erlauben es den meisten, an ihrer jeweiligen Kommunikationskultur festzuhalten.

Bereits jetzt kann man sehen, daß es in der jungen Generation die gleichen Irritationen und Kommunikationsschocks gibt wie in der älteren Generation. Daß man mittlerweile hüben wie drüben die gleichen Jeans trägt und die gleiche Musik hört, kann darüber nicht hinwegtäuschen.

Besonders resistent gegen eine Veränderung der eigenen Kommunikationskultur sind natürlich Leute in jenen Gebieten in Ost und West, die mit der anderen Seite kaum in Berührung kommen. Außerdem ist jemand um so festgelegter auf seine einmal gelernten Kommunikations- und Reaktionsmuster, je geringer sein Bildungsgrad und seine Mobilität sind.

Wahrscheinlich ist jedoch auch, daß sich neben den zwei relativ geschlossenen Kommunikationsgebieten in Ost und West in bestimmten Regionen eine kommunikative Mischkultur weiter ausbreitet. Diese wird sich da stärker herausbilden, wo sich die beiden Kommunikationskulturen tagtäglich begegnen, in Berlin, in den ehemaligen Zonenrandgebieten und an den Orten, die das besondere Ziel der Wanderungsbewegung aus dem jeweils anderen Teil sind.

Zu dieser Mischkultur gehört es, wie Beispiele aus anderen Grenzregionen zeigen, daß Leute zwischen den beiden Sprach- und Kommunikationskulturen komfortabel hin- und herwechseln können. So lebt man entsprechend der eigenen Ziele, der Situation und des konkreten Umfeldes mehr der einen oder der anderen Kommunikationskultur.

Es liegt aber natürlich auch nahe, für sich selbst eine spezielle Form der sprachlich-kommunikativen Mischkultur zu entwickeln, das heißt, ganz bewußt nur die bestimmten Teile des anderen Kontextes und der anderen Kommunikationskultur zu adaptieren, die mit den eigenen Zielen, Wünschen und Bedürfnissen am ehesten einhergehen.

Von daher wird diese kommunikative Mischkultur in Deutschland nicht einheitlich sein. Wenn Ostler in den Westen gehen und sich möglichst anpassen wollen, wird dieser Prozeß anders verlaufen, als wenn sie dort zwar arbeiten und leben, aber an ihren alten Werten, Kommunikationsformen und Haltungen festhalten.

Das gilt natürlich genauso für den Westler, der jetzt im Osten lebt. Bei einem Paar mit einem Ostmann und einer Westfrau wird sie wieder anders sein als bei einem Paar mit einem Westmann und einer Ostfrau. »Wossis« sagt man hier und da ganz liebevoll spöttisch zu diesen Misch- und Fabelwesen.

Wie stark die Einflüsse der westlichen und östlichen Kommunikationskultur in dieser Mischkultur jeweils sein werden, ist auch davon abhängig, wie die Entwicklung in Europa weitergeht und welche Leitbilder sich in der europäischen Kultur entfalten und etablieren.

Werden Fragen nach Sinn, Nachhaltigkeit und Muße wieder stärker eine Rolle spielen, oder werden reine Effizienzkriterien das Denken und Handeln immer mehr bestimmen? Geht die Beschleunigung des Lebens in allen Bereichen weiter, die mit einem Verlust an Tiefe, Besinnung und Muße einhergeht – oder kommt es da zu einer Trendwende?

Ungewiß ist auch, welchen Einfluß die Osterweiterung der Europäischen Union haben wird. Die Beitrittsländer werden weitgehend das juristische und finanzpolitische Instrumentarium Westeuropas übernehmen, und sie werden zugleich ihre eigenen kulturellen Prägungen einbringen. Aber wie nachhaltig werden die sein?

Unerheblich ist auch nicht, wie groß die Wanderbewegungen innerhalb von Europa sein werden. Damit werden nicht nur rein sprachliche, sondern ebenso mentale Verständigungsprobleme einhergehen, bedingt durch die Differenzen, die zwischen der von Amerika beeinflußten westdeutschen und den osteuropäischen Kommunikationskulturen bestehen.

Offen ist darüber hinaus, ob der kulturelle Einfluß Amerikas auf Europa zurückgedrängt werden kann, wie das zumindest ansatzweise in den letzten Jahren den Anschein hat, und ob sich Deutschland ähnlich wie Frankreich mehr auf sich selbst und die europäische Dimension besinnt.

Alle diese Faktoren haben auf die eine oder andere Weise ihren Einfluß auf die Weiterentwicklung der beiden Kommunikationskulturen in Deutschland, auf ihr Verhältnis zueinander und auf die Ausprägung der entstehenden Mischkultur.

So oder so wird es in den nächsten Jahren jedoch erst einmal darum gehen, die Verständigung zwischen Ost- und Westdeutschen zu fördern. Das heißt, weder auf einseitige Anpassung zu setzen noch die Unterschiede zu vertuschen oder einzuebnen. Besser ist es in jedem Fall, sie produktiv zu machen, unter dem Motto: Die Unterschiede feiern.

Das könnte ja ein interessantes, reizvolles und spannungsvolles Miteinander ergeben, wenn sich beide Kommunikationskulturen ihrer Einzigartigkeit bewußt sind, ihre Vor- und Nachteile sehen und nicht nur Verständnis für die Besonderheiten der anderen Seite aufbringen, sondern diese auch genießen.

Als Hinweis darauf, daß keine Kommunikationskultur besser oder schlechter ist, benutze ich gerne die Metapher von der Lesebrille, dem Mikroskop und dem Fernglas. Mit jedem dieser Geräte kann man einen bestimmten Ausschnitt der Realität besonders deutlich ins Blickfeld rücken, aber immer um den Preis, daß im selben Moment die jeweils anderen Bereiche der Realität ausgeblendet werden.

Ganz ähnlich funktionieren unterschiedliche Kommunikationskulturen. Sie eröffnen neue Einblicke in unbekannte Welten, und sie verdecken zugleich andere Dimensionen. Das beste ist sicher, ab und zu die Perspektiven zu wechseln.

Normalerweise erfährt man diesen Effekt nur, wenn man eine andere Sprache lernt oder in ein anderes Land geht. In Deutschland haben wir die außergewöhnliche Situation, in einem Land mit einer Sprache und zwei unterschiedlichen Kommunikationskulturen zu leben.

Als ein zweisprachiger Wanderer zwischen den Welten finde ich das wunderbar.

Hier noch einige Bücher, die sich mit den Themen Ost-West-Unterschiede und ganz allgemein mit der Kommunikation beschäftigen oder denen ich direkte Anregungen für dieses Buch verdanke:

Baumann, Reiner (Hrsg.)	»Mit gespaltener Zunge – Die deutsche Sprache nach dem Fall der Mauer«, Berlin, 2000
Böll, Heinrich	»Mein trauriges Gesicht«, Leipzig, 1979
Endlich, Luise	»Neuland«, Frankfurt a.M., 2000
Mitscherlich, A. und M.	»Die Unfähigkeit zu trauern«, München, 1973
Möller, Michael Lucas	»Die Wahrheit beginnt zu zweit«, Hamburg, 1993
Molcho, Samy	»Körpersprache«, München, 1996
Probst, Lothar (Hrsg.)	»Differenz in der Einheit – über die kulturellen Unterschiede der Deutschen in Ost und West«, Berlin, 1999
Rohnstock, Katrin (Hrsg.)	»West-Östlicher Diwan«, bes. die Bände: »Stiefschwestern«, »Stiefbrüder«, »Lust und Frust der Verführung«, »Erotik macht den Häßlichen schön – Sexueller Alltag im Osten«, Berlin, 1996 f
Schultz von Thun, Lutz	»Miteinander Reden«, Hamburg, 1981

Simon, Rothe, Andrasch	»Das Buch der Unterschiede«, Berlin, 2000
Stevens, John O.	»Die Kunst der Wahrnehmung«, Gütersloh, 1993
Tannen, Deborah	»Du kannst mich einfach nicht verstehen«, Hamburg, 1993
Wagner, Wolf	»Kulturschock Deutschland«, Berlin, 1996
Wirth, Hans Jürgen	»Ossis und Wessis, Psychogramm deutscher Befindlichkeiten«, in: »psychosozial« Heft 1, 1995
Watzlawick, Paul	»Menschliche Kommunikation«, Bern, 2000
	»Wie wirklich ist die Wirklichkeit«, München, 1984
	»Die erfundene Wirklichkeit«, München, 1994